AMARAVELLA

Le Secret de l'Univers

SELON LE

BRAHMANISME ÉSOTÉRIQUE

LE BRAHMANDA OU UNIVERS INTÉGRAL

PARIS

ÉDITION DE *L'INITIATION*

3, RUE DE SAVOIE, 3

1900

Le Secret de l'Univers

SELON LE BRAHMANISME ÉSOTÉRIQUE

AMARAVELLA

Le Secret de l'Univers

SELON LE

BRAHMANISME ÉSOTÉRIQUE

LE BRAHMANDA OU UNIVERS INTÉGRAL

PARIS

ÉDITION DE *L'INITIATION*

3, RUE DE SAVOIE, 3

1900

A M. Camille Flammarion.

« Autour du point, un cercle de fer tournait si vite, qu'il aurait dépassé le mouvement le plus prompt à faire le tour du monde.

« Il était entouré d'un autre, et celui-ci d'un troisième, puis d'un quatrième, d'un cinquième et d'un sixième.

« Au-dessus d'eux tournait le septième, d'une si grande étendue, que la messagère de Junon serait trop étroite pour le contenir tout entier.

« Ainsi du huitième et du neuvième; et chacun d'eux avait un mouvement plus lent selon que son chiffre était plus éloigné du premier.

« Et celui-là avait la flamme la plus limpide qui était plus éloigné que la pure étincelle, par la raison, je crois, qu'il s'assimile plus à elle. »

Dante Alighieri,
le Paradis, chant XXVIII.

Le Secret de l'Univers

SELON

LE BRAHMANISME ÉSOTÉRIQUE

CHAPITRE PREMIER

L'UNIVERS DANS L'ESPACE

A l'heure où descend l'harmonieux silence des
étoiles ; lorsqu'à force de nous sentir regardés par tous
ces yeux d'extase, nous nous souvenons presque
d'avoir scintillé avec eux, et que de notre âme exilée
rayonne une quiétude infiniment douce et triste, en
réponse à cette promesse d'immortalité émanée de
milliards de lieues et de millions d'années ; emportés
sur les deux ailes de la science et du rêve, après avoir ré-
solu en une poussière d'astres les blancheurs argentées
du zénith, après avoir deviné autour de chaque soleil
le tourbillon d'invisibles planètes, après avoir franchi
les limites de notre nébuleuse et touché celles de notre

imagination, lorsque nous revenons terrifiés au globe qui semblait osciller sous nos pieds, à peine encore avons-nous effleuré l'écume de l'abîme, entrevu la surface de l'infini : en découvrant sous ces voiles lactés la vie et l'âme universelles, la connaissance intégrale septuplera notre extase.

Tout ce qui peut tomber sous le plus subtil de nos sens et ses prolongements artificiels, depuis les nébulosités télescopiques d'autres univers jusqu'aux microscopiques cellules de notre propre organisme, représente un seul plan de la conscience totale, un échelon unique de l'existence réelle. Au-dessus de cette distance vertigineuse, au-dessous de cet espace perceptible, au dedans de ces trois dimensions immenses se creusent des séries de binivers, de trinivers et d'omnivers, par delà lesquels l'esprit se plonge et se perd dans la profondeur métaphysique du véritable infini (1).

Les astres ne sont pas d'inertes boulets lancés à travers la désolation universelle, mais des Pégases ailés et fougueux visitant en bonds d'éternité les tout-puissants éthers de divers Olympes : lotus flottants sur l'océan sans bornes, ils s'épanouissent à chaque nouvelle aurore dans le sein de ces dieux inconnus soupçonnés par Edgar Poe au delà de notre espace. La terre, qui traverse parfois des chevelures de comètes sans que notre atmosphère en soit même parfumée, franchit continuellement des substances autrement subtiles sans que les astronomes perçoivent leurs in-

---

(1) *Para-brahm*, l'au-delà de l'extension.

fluences redoutables. Seul, l'astrologue sent passer les dieux sur les forêts en fleur et les champs de carnage ; et les cataclysmes géologiques lui indiquent le renversement des célestes dynasties.

Telle une face divine en quelque peinture mystique, notre planète fend l'azur, nimbée d'auréoles graduées et vêtue de glorieuses transparences. L'Océan voile en partie sa grave et ferme nudité, que jadis il enveloppait tout entière. Au-dessus flotte la légère tunique de l'air, l'atmosphère, nourrice du feu terrestre, diaphane aux feux célestes. Puis vient le manteau bleu de l'éther, opaque pour la conception ésotérique des anciens, mais à travers lequel nous découvrirons les éléments ésotériques, rayonnant dans l'invisible en sphères ou ondes concentriques de plus en plus vastes et de moins en moins denses.

Simples subdivisions de l'élément sensible (1), la terre, l'eau, l'air et le feu vulgaires se retrouvent dans le corps humain sous forme de solides, de liquides, de gaz et de chaleur ; mais des émanations spectrales, des gloires de plus en plus subtiles et dilatées, appelées par les Brahmines reflets ou enveloppes (2), irradient aussi de notre forme grossière. A celle-ci correspond l'enveloppe de nourriture (3) : quelques savants modernes ont constaté l'existence et même les dimensions de notre enveloppe de souffle (4) ou

---

(1) *Prithvi*, la terre alchimique, jusqu'aux limites de l'état gazeux, aux gaz dont les moindres traces se révèlent à l'odorat (*Gandha*) : le monde de la génération (*Oupashta*).
(2) *Maya-kosha*, fourreau-image.
(3) *Anna-maya-kosha*.
(4) *Prâna-maya-kosha*.

corps astral ; puis vient la sphère mentale (1) et, plus
vaste encore, la sphère de conscience (2) ; enfin l'orbe
de béatitude (3) rayonne vers la nuit de l'au-delà,
arche d'autres futurs possibles.

Tous les êtres sont ainsi constitués et le moindre
atome possède ses atmosphères transcendantes comme
le soleil le plus glorieux. Pour la science, tout être
vivant naît d'un œuf : pour nos philosophes, tout être,
organisme ou nébuleuse, est un œuf ; un germe enveloppé de ses vésicules germinative, vitelline, albumi-
neuse, et de la coquille : ou encore une matrice dans
laquelle dort le fœtus, entouré par l'amnios, le sac
ombilical, l'allantoïs et le chorion. Ces contenants
et contenus (4) sont les substances ou principes (5)
des individus ; dans l'univers, nous les appelons essences (6), modes (7) ou éléments (8).

L'horizon de pareilles conceptions, commun à tous
les atomes et à tous les mondes, est ce fameux cercle
dont le centre est partout, mais dont la circonférence
n'est nulle part. La sphère la plus vaste, la plus du-
rable et la plus subtile que l'on puisse concevoir comme
appartenant encore à un être donné constitue la limite
de son individualité, de sa grandeur et de son immorta-

---

(1) *Mano-maya-kosha*.
(2) *Vidjgnyagna-maya-kosha*.
(3) *Ananda-maya-kosha*.
(4) *Deha* et *dehi*: *sharira* et *shariri*.
(5) *Oupadhi*, véhicules : *roupa*, formes.
(6) *Tattva*, états d'être.
(7) *Tanmatra*, mesures ou dimensions.
(8) *Bhouta*, ne pas confondre avec les corps simples de la
science.

lité, son œuf de feu (1) ou corps causal (2) ; en elle viennent se résoudre les clichés des diverses phases de cet être, purifiés à l'infini par leur passage à travers les couches intérieures ; commencement de toute manifestation centralisée, elle représente l'éternel total de l'individu dont les divers aspects ou personnalités se succèdent dans le temps triple.

Les globes situés à l'intérieur de ce halo de lumière sont de moins en moins glorieux et de moins en moins durables ; leur absence et leur présence deviennent périodiques. Nous disons d'un être réduit à sa gloire inextinguible (3) qu'il est en liberté (4) ou en solution (5) si dans l'enveloppe de feu existe une sphère aérienne (6), l'être est plongé dans l'extase du paradis (7) ; le purgatoire (8) est son immersion dans une *aura* liquide (9) ; enfin la présence d'un noyau physique (10) fait dire qu'il est incarné ou lié (11), qu'il vit dans le monde élémentaire (12).

Le nombre des sphères est au complet pendant l'incarnation ; de sorte que l'homme est à la fois un animal sur terre, un fantôme dans le monde astral.

---

(1) *Tédjasi-roupa*, le corps glorieux.
(2) *Karana-sharira*.
(3) *Nirvâna*, tranquillité à l'abri du souffle.
(4) *Moksha*, celui qui l'atteint s'appelle un *Moukti*.
(5) *Laya*.
(6) *Vayor-roupa*.
(7) *Swarga* ou *Swav-loka*, le *Dévachan* Thibétains.
(8) *Bhouvar-loka, Kama-loka, Yama-loka*.
(9) *Apo-roupa, Linga-sharira*, corps astral, *Tchaya*.
(10) *Prithvi-roupa, Sthoula-sharira, Kâya*.
(11) *Baddha*.
(12) *Bhour-loka*.

un ange dans le ciel, et Dieu dans l'univers ; et pour
se sentir tel, et pour s'assurer de la réalité de ces
mondes inconnus, il lui suffit d'élargir sa conscience,
actuellement concentrée dans la matière et immergée
dans le corps, depuis la plante des pieds jusqu'à l'extrémité des cheveux. La volonté permet à quelques-
uns, pendant la vie, et la nature réserve à tous, après
la mort, cette expérience. La mort est l'expansion de
chaque être dans les gloires planétaires, jusqu'à la
limite de son mérite, dont l'épuisement détermine une
nouvelle compaction, création ou renaissance de cet
être. La sphère du feu formant la limite normale de
la conscience humaine, et le cycle intégral de chaque
incarnation franchissant deux fois chaque *aura* terrestre, à l'aller et au retour, le voyage ordinaire com-
porte sept étapes.

Sur la lyre à sept cordes, les initiateurs ont chanté
ce septuple pèlerinage, et le chant immortel vibre à
travers les siècles. Dans le mode aigu qui descend de
l'empyrée à la terre, ils ont dit comment la Monade
ou être en liberté se contracte et s'alourdit successive-
ment dans l'orbe immense de Saturne, aïeul des
dieux et prince de l'âge d'or, puis dans le cercle éthéré
de son fils Jupiter, roi bienfaisant de la race d'argent,
et enfin dans la sphère dont le symbole est Mars, san-
glant et abhorré, porte d'airain de notre prison de fer.
Dans le mode grave, qui s'élève de notre monde corruptible au ciel des fixes, ils ont vu l'être délivré, le
pudique lotus s'épanouir sous la lumière croissante
de la lune ambiguë, se dilater jusqu'à l'océan d'amour
où surgit l'adorable Aphrodite, jusqu'aux profondeurs

mentales que parcourt rapidement le conducteur ailé des âmes, le radieux Hermès, jusqu'au soleil dont le globe immense éclaire et remplit l'étendue de sa lumière (1).

Le sens intégral de la tradition s'étant perdu dès une époque très reculée, on a appliqué aux *planètes* visibles les purs symboles des *plans* invisibles. Beaucoup plus tard, une bizarre numération s'ajouta à cette première confusion, l'empyrée infini et son centre, le soleil, devinrent le zéro ; le caducée ou chiffres fut attribué à Mercure, qui auparavant représentait l'être en ascension dans la sphère de feu ; l'être en ascension aérienne reçut pour symbole le signe de la génération, la croix sous le cercle, le chiffre 2 ou Vénus ; l'être en ascension aquatique fut représenté par la lune, qui, n'étant qu'un satellite, perdit son chiffre ; la terre, séjour de l'être en stabilité physique, cessa d'être considérée comme une planète. Enfin l'être en descente dans l'eau, l'air et le feu antérieurs a été figuré par Mars, Jupiter et Saturne, ou les nombres 3, 4, 5, comme on peut s'en convaincre en comparant les formes des chiffres et des symboles. L'erreur géocentrique a pris pour centre du monde le point le plus bas, ou plutôt le plus actuel, du cycle de l'évolution intégrale.

Nombreuses et variées sont les populations sur lesquelles règnent les dieux planétaires. Nos compagnons terrestres, aquatiques et volatiles sont des élémen-

---

(1) Voir l'*Almageste*, de Ptolémée, ou le *Songe de Scipion*, de Cicéron.

taux (1) du premier degré seulement, promenant leur liberté relative, essor d'aigle ou rampement de tortue, dans les limites de l'attraction terrestre. Il existe une eau seconde, un air second, avec leurs créatures appropriées, et au delà encore des éléments et des êtres de troisième ordre. Dans ces éthers plus purs, aux horizons plus larges, glissent, silencieux et invisibles pour nous, enchaînés cependant à notre pesanteur corporelle, les doubles, triples et quadruples de nous-mêmes et de tous les êtres vivants. En outre, les êtres désincarnés ou extériorisés, les humanités de l'eau, de l'air et du feu, montent et descendent entre le ciel et la terre, sans autres entraves que l'attraction des sphères correspondantes. Chacun de ces orbes terrestres contient enfin sa population autochtone, gnomes, ondines, sylphes et salamandres, toutes les fées et toutes les déesses, tous les démons et tous les dieux qui président aux mystérieuses fonctions de la planète.

Penchée par sa chevauchée circulaire autour du soleil, la terre, enveloppée de ses multiples cerceaux lumineux, effleure de fréquents et ineffables contacts les atours non moins étincelants de ses partenaires. Le soleil, coryphée de ces Valkyries planétaires, enveloppé avec elles dans la poussière de l'arène, possède d'ailleurs bien d'autres écuyères que les planètes connues de la science. Outre les mondes solides, de Mercure à Mars, et les globes liquides au delà de Jupiter, il existe des planètes d'air et des planètes

---

(1) *Bhouta*, habitants des éléments.

d'éther, que l'homme ne voit pas, mais dont le sage peut entendre l'harmonie. Enfin des sphères occultes, désincarnées ou immatérielles, tournoient dans les auréoles transcendantes du système solaire, eau, air et feu troisièmes, à une distance prodigieuse. Nos maîtres ont prédit qu'on entendra ces astres avant de les voir.

Le système solaire intégral est lui-même une des innombrables poussières d'or visibles dans notre nuage nébuleux, tandis que d'autres, invisibles et bien plus nombreuses encore, flottent dans le vaste embrasement de la voix lactée. La nébuleuse possède aussi ses colossales auréoles, et ces éléments de quatrième ordre rentrent à leur tour dans quelque synthèse plus vaste. Chaque sphère supérieure pénètre et dépasse les sphères inférieures, chaque gloire individuelle est l'étincelle d'un foyer collectif, chaque tunique abandonnée est remplacée par un vêtement plus ample et plus diaphane: toute étoile qui s'éteint disparaît dans une immense aurore. L'omnisphère (1), rayonnement commun de toutes les petitesses, reste toujours au delà de toutes les grandeurs.

Qu'un bond formidable précipite notre pensée à l'autre extrémité de l'être, elle verra dans la molécule un système cosmique comme dans la nébuleuse une molécule céleste. Hommes, animaux, végétaux, minéraux sont à la fois composants (2) du corps ou de l'esprit planétaire et composés (3) de parties infinité-

---

(1) *Brahmanda,* l'œuf de l'infini.
(2) *Amijâmsa.*
(3) *Mahâmsa.*

simales, appelées centralités matérielles (1) ou spiri-
tuelles (2), selon qu'on les envisage comme points
sensibles ou sphères intégrales. Tous ces cristaux,
toutes ces cellules possèdent leurs gloires et peuvent
se décomposer en éléments plus minuscules encore. Les molécules semblent former la limite de la
décomposition physique : les atomes (3) ne pouvant
être perçus par nos sens ni par leurs prolongements
artificiels, ne pouvant être soumis à l'épreuve du
creuset ni de la balance, échappent au domaine sensible : ce sont de pures abstractions métaphysiques,
de conception hindoue; seulement, entre la molécule
scientifique et l'atome des Brahmines, il y a place
pour bien des degrés intermédiaires.

La cohésion retient ensemble les molécules d'une
pierre comme les astres du ciel : les molécules ne se
touchent pas plus que les étoiles, et une vue plus parfaite franchirait l'illusoire solidité du corps le plus
dense, comme la nôtre passe à travers la voie lactée.
Si, modifiant l'attraction par un de ses sosies, nous
chauffons un morceau de métal, la vibration perpétuelle de ses molécules s'accentuera : elles s'écarte-
ront les unes des autres, elles rouleront les unes autour des autres, elles se repousseront mutuellement
et s'échapperont de toutes parts. Le corps solide aug-
mentera de volume ; liquide, il brisera tous les
moules ; gazeux, il tendra à remplir tout l'espace.

---

(1) *Djadâmsa.*
(2) *Djivamsa.*
(3) *Anou.*

Supposons que notre alchimie, ayant établi son laboratoire dans les antres interstellaires, puisse offrir à la croissance impatiente de son nourrisson une somme indéfinie de chaleur et d'espace, et examinons la conduite externe et intime de notre gaz métallique. A force de se repousser mutuellement, ces molécules finiront par se trouver suffisamment éloignées les unes des autres, et jouiront de cette liberté relative que possèdent sans doute les gouttes d'air placées à la limite de notre atmosphère. En même temps, cet évadé de notre porte-monnaie occupera dans le ciel une place immense.

Sans lui laisser de répit, appelons dans nos soufflets imaginaires toutes les tempêtes de l'abîme. Bondissant sous ce nouvel éperon, la substance en délire s'élancera vers de nouveaux espaces. Elle grandira encore, mais au prix de la rupture de ses globules sanguins. Les molécules se briseront en sous-molécules de second, de troisième, de quatrième ordre, gagnant sur chaque plan en puissance dynamique ce qu'elles perdront en importance corporelle. Elles se rapetisseront en invisibles de matière radiante, en impondérables d'électricité, en infinitésimaux de lumière ; diminuant du point mathématique au point métaphysique, elles perdront toute existence matérielle et s'identifieront au vide. Sur la limite de nos conceptions, elles seront les atomes de l'occultisme, dont le nom même est synonyme d'espace (1).

La matière s'est résolue dans le vide par une double

---

(1) *Anou, ou Aniyamsam-aniyasam*, le plus petit d'entre les petits, est une épithète de *Brahma*.

2

réduction à l'infiniment petit et à l'infiniment grand ; car notre balle d'acier primitive, colossal brouillard de feu, étendra désormais son incendie du zénith au nadir ; devant la vision de lointains contemplateurs, elle traversera la route nocturne comme une de ces torches cométaires dont toute la substance tiendrait dans un dé à coudre ; plus immense et plus lointaine encore, elle apparaîtra comme une pâle nébuleuse : son alchimiste même ne percevra plus autour de lui qu'une incertaine lueur, puis rien que l'obscurité plus profonde. Grandissant toujours, elle épanchera cette invisibilité dans l'espace entier, elle se fondra en vide physique (1), puis en néant métaphysique (2), car le dernier terme de cette expansion et de cette subtilisation ne saurait être, d'après le Brahmanisme, que l'annihilation du contenu dans le contenant, la disparition de la matière dans l'espace même.

« Toute la science occulte est basée sur la doctrine de la nature illusoire de la matière et de la divisibilité infinie des atomes. Mais si chaque objet ou individu naturel est susceptible de division et par là perd son unité, il n'en est ainsi que dans le monde illusoire. Dans le royaume des sciences ésotériques, l'unité divisée à l'infini, au lieu de perdre son unité, se rapproche à chaque division des plans de l'unique réalité éternelle. L'œil du voyant peut la suivre dans toute sa gloire prégénétique, et concevoir l'unité indivisible. La réalité du monde manifesté est composée pour ainsi dire d'une unité d'unités immatérielles

---

(1) *Akasha*, le vide interstellaire.
(2) *Brahm*, le vide interdivin.

(pour nous) et infinies : ce sont les monades de Leibniz et les *Djiva* de l'occultisme oriental. Comme dit Mertz :

« Leibniz ne pouvait se contenter d'affirmer que la matière est composée d'un nombre fixé de très petites parties. Les atomes pour lui perdaient leur extension et ne gardaient que leurs propriétés de résistance ; ils devenaient des centres de force, des points mathématiques. Mais si leur extension dans l'espace n'était rien, leur vie intérieure n'en était que plus intense, extension infinie dans le sens de leur dimension mathématique. Comme un cône, placé sur sa pointe, ou bien une ligne, coupant perpendiculairement un plan en un point mathématique, peuvent néanmoins s'étendre indéfiniment en hauteur ou en profondeur, ainsi les essences des choses réelles n'ont qu'une existence ponctuelle dans le monde de l'espace physique, mais possèdent une profondeur infinie de vie intérieure dans le monde métaphysique de la pensée. »

Chaque particule, que vous l'appeliez organique ou inorganique, est une vie. Le semblable doit produire le semblable ; la vie absolue ne peut produire un seul atome inorganique, simple ou complexe ; il y a de la vie même en *laya*, de même qu'un homme plongé dans une profonde catalepsie est toujours vivant, bien que pareil à un cadavre. La science nous enseigne que les organismes vivants ou morts de l'homme et des animaux sont envahis par des centaines de bactéries de diverses sortes. Nous sommes menacés du dehors, à chaque inspiration, par une

invasion de microbes ; du dedans, par des leuco-
maïnes, œrobes, anœrobes et bien d'autres. Mais la
science n'a pas encore été jusqu'à affirmer, avec la
doctrine occulte, que nos corps aussi bien que ceux
des animaux, des plantes et des pierres, sont eux-
mêmes entièrement construits de tels êtres, qui, sauf
les plus grandes espèces, ne peuvent être découverts
par aucun microscope.

« Chaque jour vient prouver plus clairement l'identité de l'animal et de l'homme physique, de l'homme
et de la plante, de l'homme, du reptile et même de
son nid le rocher, au point de vue de leurs éléments
physiques et chimiques. Mais la science occulte est
beaucoup plus explicite, et dit : non seulement les
composants chimiques sont les mêmes, mais les
mêmes vies invisibles et infinitésimales composent
les atomes des corps de la montagne et de la margue-
rite, de l'homme et de la fourmi, de l'éléphant et de
l'arbre qui l'abrite contre le soleil.

« Dans l'univers, chaque molécule, chaque atome,
donne à la fois la vie et la mort à la forme dont il fait
partie ; car il construit par agrégation les univers et
les véhicules éphémères prêts à recevoir l'âme trans-
migratrice, et éternellement aussi, détruit et change
les formes, et chasse ces âmes de leurs séjours tem-
poraires. Il crée et tue ; il s'engendre et se détruit lui-
même ; il produit et annihile ce mystère des mystères,
le corps vivant de l'homme, de l'animal et de la
plante, à chaque seconde, dans le temps et dans l'espace ; il engendre également la vie et la mort, la
beauté et la laideur, le bien et le mal, et même les

sensations agréables ou désagréables, bienfaisantes ou malfaisantes.

« C'est cette vie mystérieuse, représentée collectivement par d'innombrables myriades de vies, qui suit par sa voie spéciale et sporadique la loi encore incomprise de l'atavisme, qui copie les ressemblances de famille aussi bien que celles qu'elle trouve imprimées dans l'aura des générateurs de chaque être humain futur.

« Tout atome élémental est une âme : non pas une âme désincarnée, mais un *Djiva* ou centre de vitalité potentielle, contenant une puissance intellectuelle. et dans le cas d'âmes composites, possédant une existence intelligente et active. Chaque atome de l'occultisme contient en soi la potentialité de la conscience : c'est un univers en soi-même et pour soi-même, c'est un atome et un ange. L'atome est inséparable de *Pourousha*, que l'on appelle à présent énergie, mais qui est esprit. On peut décrire un atome comme un point compact ou cristallisé d'énergie et d'idéation divine (1). »

En résumé, chaque corps est contenu dans ses âmes. Autour de chaque centralité matérielle (2). atome, cristal, cellule. organisme, astre ou nébuleuse, rayonnent des sphères de force, de vie, de sensibilité,

---

(1) H.-P. Blavatsky, *Secret Doctrine*, passim.
(2) Une pierre, pas plus qu'une molécule, ne possède de sphères individuelles ; c'est un simple agrégat d'individualités atomiques : un cristal, une cellule, sont au contraire des individualités (*ahankaram*) au même titre qu'un atome ou un soleil, une fourmi ou un cèdre.

de pensée, de béatitude (1). La mort d'un être, au point de vue physique, est la décomposition de son corps en ses parties constituantes ; au point de vue métaphysique, c'est le transfert de son activité à un plan supérieur et plus vaste, l'apport de son expérience à la sphère qui limite pour le moment ses possibilités. Celle-ci s'élargit et s'2nrichit sans cesse de ces vendanges et moissons annuelles. Au cours de milliards et de milliards de siècles, au cours d'éternités innombrables dont nous essayerons de parcourir en pensée quelques-unes seulement, et par une série de procédés dont les lois actuelles de l'existence ne sont qu'un exemple entre mille autres possibles, l'âme d'un atome devient celle d'une cellule, la potentialité végétale devient une potentialité animale, l'esprit humain devient un esprit planétaire, l'ange de la nébuleuse devient le dieu de l'espace, et ainsi de suite à l'infini. Toute âme est centrifuge, elle tend à l'extension, à *Brahma*, et cette aspiration universelle est aussi celle de ce dieu : c'est l'inspir du grand souffle.

L'expir du souffle divin est la force centripète en vertu de laquelle toute sphère tend à se manifester comme point, tout esprit à se concréter en matière, tout être à s'enfermer dans un milieu et à se considérer comme un centre, toute nébuleuse à se condenser en astre, toute âme à s'incarner, toute gran-

---

(1) Toutes les sphères existent autour de tous les individus, mais la conscience ou activité de ceux-ci n'en embrasse qu'un certain nombre, selon leur degré d'avancement ; les autres restent négatives ou purement potentielles.

deur à décroître. La tendance à l'infiniment petit est
une autre forme de la même attraction vers l'infini
que la tendance à l'infiniment grand, et la grandeur
comme la petitesse sont des portes ouvertes sur l'espace intérieur qui n'est ni petit ni grand. L'expansion
indéfinie de la conscience est contre-balancée par la
réduction incessante de la forme. Nées de l'immense,
de l'éternel, du subtil, les formes abandonnées par
l'idéation divine tendent au minime, à l'épais, à
l'éphémère, afin que des êtres de moins en moins
avancés puissent s'en revêtir tour à tour, et s'agrandir de cette diminution. Pour les êtres qui les ont
abandonnées et dépassées depuis longtemps et de
beaucoup, ces formes constituent la substance sensible. Le matériel, c'est le transitoire, c'est le petit,
c'est la terre ; le spirituel, c'est le ciel, c'est l'éternel,
c'est l'immense.

Tout ce qui est petit a été grand. Les parcelles de
la substance amorphe furent dans les éternités mortes
les brillants et vastes météores de cieux oubliés, étin-
celles géantes du colossal brouillard de feu qui devait
devenir la terre. Les cristaux microscopiques reflètent
le vague souvenir de diamants énormes, seuls organismes possibles en je ne sais quel abîme de viscosité
chaotique. Les germes épars dans l'air et dans l'onde,
microbes hybrides entre le végétal et l'animal, ont
été, à une époque encore perdue par-delà plusieurs
abîmes de nuit, un flottement d'ovules monstrueux
dans la virginité des fluides primordiaux. Les lointains et glorieux prototypes des invertébrés furent les
gigantesques symboles d'une humanité aérienne, les

scarabées et globes ailés sculptés aux murs des temples d'Éthiopie. A peine moins considérables, les ancêtres des cétacés nains et des aigles timides ont traîné dans les océans antérieurs leur lourdeur éthérée de léviathans, d'anguipèdes, de tritons, de serpents ailés, de dragons à face humaine. Les mammouths et les éléphants sont des myrmidons en comparaison de leurs prédécesseurs déjà moins lointains, taureaux d'Assyrie, sphinx d'Égypte et centaures de Thessalie. L'homme, enfin, héritier de toute cette monstruosité divine, est la copie réduite et dégénérée des titans, des gibbormi et des hécatonchires, qui se sont taillé des demeures de géants dans la réalité du passé et dans l'incertitude de la légende.

Ce coup d'œil rétrospectif, anticipé sur le chapitre du temps, était nécessaire pour éclairer la description, dans l'espace et le présent, des êtres qui vivent au sein de la terre, de l'eau et de l'air grossiers, pour justifier la classification brahmanique des espèces composant les règnes minéral, végétal et animal. Distincts comme ils le sont actuellement, ces trois embranchements ont cependant une origine commune, et il y a eu une époque où leurs germes gigantesques ne différaient guère de ceux qui devaient donner naissance à l'homme. Nous savons déjà que dans l'univers intégral tous les êtres se réduisent à des sphères. Même dans le monde physique, tous les êtres vivants naissent d'ovules à peu près semblables. La science occulte va plus loin, et affirme que le minéral aussi naît d'un œuf.

Entre l'organique et l'inorganique, elle voit une

différence de degrés, d'époques, de plans d'évolution, plutôt que de nature.

Quelle est, en définitive, la différence entre la cellule qui doit produire un oursin, par exemple, et un cristal ou plutôt ses éléments premiers, le cristallite et le microlite? Tous deux sont des molécules, si l'on veut, qui tendent à s'accroître et à se reproduire suivant certaines lignes plus ou moins régulières, selon un plan parfaitement déterminé. Le cristal comme la cellule croissent d'abord, puis se brisent ou se reproduisent. Création et croissance sont des mots qui viennent peut-être d'une même racine (1) et qui expriment certainement des idées complémentaires ; un être vivant cesse de croître quand il est devenu capable de procréer: alors la cellule œuf émanée de cet être commence son propre cycle de croissance et de création. Depuis le commencement du monde, tous les êtres sont le produit des germes primordiaux. Le germe est un être éternel qui tend à croître et à créer indéfiniment : il est le symbole physique et le produit matériel de cette sphère de feu qui entoure chaque être ; qui tend incessamment à s'agrandir vers la spiritualité extérieure, et, incessamment aussi, à abandonner à l'intérieur ses anciennes limites ; réductions d'elle-même, véritables enfants de son devenir, par la concrétion desquels elle se manifeste dans la matière.

Sans doute les minéraux ne cristallisent actuellement que dans certaines circonstances de refroidisse-

---

(1) *Kri.*

ment et de tranquillité. L'incarnation des monades cristallines dépend de certains rapports entre les états solide et liquide. Les cristaux ont besoin de terre et d'eau, comme les cellules ont besoin d'eau et d'air. Mais ces conditions, aujourd'hui exceptionnelles, ont été jadis normales : alors la vie se manifestait de toutes parts par la cristallisation des minéraux, comme elle se manifeste aujourd'hui par la multiplication des cellules : les cristaux étaient les rois de la création et débordaient dans le royal écrin de la nature. Ces palais magiques, étincelants de bijoux surnaturels, sont devenus des grottes souterraines, obscures et grossières. La matière est la nécrople des splendeurs passées, où des êtres dégénérés s'agitent parmi les ruines de grandeurs oubliées.

La terre végétale est un fumier d'organismes : les couches de sédiment sont en grande partie la création (1) des êtres vivants. L'écrasement des strates supérieures, l'injection des laves peuvent avoir transformé, défiguré, oblitéré l'écriture de leurs feuillets : chacun de ceux-ci a pourtant été, à son tour, la page blanche du livre de vie, la surface où rampaient et couraient des milliers de plumes, traçant sans le savoir l'histoire universelle. De même la matière amorphe est un fumier de cristaux, encore plus profondément et plus souvent bouleversé, trituré, refondu. Tout a été ou est encore vivant : il n'y a jamais eu d'âge azoïque ; les choses sont les cadavres des êtres ; la matière est le

---

(1) Il est remarquable que la craie, résidu de foraminifères, tire son nom de *crescere*.

grouillement de la vie présente dans le résidu de la vie passée.

Les travaux du minéralogiste allemand Zirkel jettent un jour tout nouveau sur ce monde de lointaine origine. Rien n'est plus suggestif que ses figures de pétrographie microscopique, permettant de surprendre la cristallisation à la limite de l'état amorphe. Examinez les aiguilles dendritiques, les trichites, longulites et globulites, les microlites de l'Hornblende ou ceux encore plus curieux du Pechstein d'Arran, et vous ne serez pas surpris que nombre de savants les aient pris pour ce qu'ils sont réellement, des traces d'organismes. L'opinion des savants du moyen âge, qui voyaient dans ces anomalies, dans les cristaux et même dans certains fossiles, des jeux d'élémentaux, n'était pas non plus complètement dénuée de base : car les élémentaux inférieurs sont des monades qui cherchent à s'incarner, et qui n'y réussissent pas toujours.

L'eau, qui entre pour une si large part dans la constitution des organismes, est un des corps dont la cristallisation est le plus riche en formes, comme on peut s'en convaincre par l'étude microscopique de la neige, ou par la simple observation des arborescences produites sur nos vitres par la gelée. Ces jeux naturels sont-ils autre chose que des formes solidifiées, et d'autre part, certains organismes gélatineux sont-ils autre chose que des sortes de cristallisations liquides ? En rapprochant ces merveilleux hexagones, les flocons de l'hiver, de la symétrie pentagonale de certains infusoires et même des énidaires et échinodermes, ne peut-on reconnaître chez ces zoophytes la continuation des archéophytes, la persistance d'un plan abandonné depuis par la nature, le souvenir de l'un des sept rythmes primordiaux selon lesquels, dans les anciens jours de *Brahmâ*, les vibrations de la grande sonorité (1) firent cristalliser de célestes étoiles de mer ?

Le matérialisme moderne cherche, dans la terre d'hier, ce centre de divergence entre le minéral et l'organique, que nous trouvons dans l'infini de l'espace et du passé. La seconde bifurcation, celle où l'animal se différencie du végétal, plus voisine de nous, était plus facile à découvrir. L'unité d'origine de ces deux règnes est un fait à peu près admis aujourd'hui. Si des éponges et des méduses d'une part, des muscinées et champignons de l'autre, nous remontons aux radiolaires, foraminifères, infusoires, rhizopodes, amibes, et aux protococcus, schizomycètes, anthérozoïdes et spores mobiles, il arrive un moment où il est impossible de distinguer, parmi toutes ces cellules, lesquelles appartiennent à la flore, lesquelles à la faune.

En plaçant tous ces germes minéraux, végétaux ou animaux, dans un ordre unique, dans le règne générateur ou reproducteur (2), le Brahmanisme n'a donc fait qu'anticiper sur les intuitions les plus avancées de la science moderne, et donner pour base à sa clas-

---

(1) *Akasha*, la substance primordiale, dont l'unique propriété est la vibration ou le son, *Sabda*.

(2) Règne *Oupashta* : ce mot signifie substance reproductrice.

sification la grande doctrine de l'unité originelle de toutes les formes de la matière. Le nom attribué à ce règne n'est pas moins logique : la reproduction est en effet la fonction dominante des germes, des cellules, des organismes unicellulaires ; c'est chez ces êtres qu'elle s'accomplit le plus fréquemment, d'une manière incessante, pourrait-on dire, et sous sa forme la plus facile, par une simple division. C'est ce règne qui renferme évidemment les individus les plus nombreux, puisque tous les organismes vivants sont entièrement composés de cellules, puisque l'air, l'eau et la terre sont remplis de germes indépendants, dont des générations de savants n'épuiseront ni la découverte ni le classement ; ces humbles entre les humbles doivent être les premiers en classe comme ils sont les premiers en date, car leur immobilité d'êtres éternels a vu passer et disparaître des milliers d'êtres supérieurs et des générations de géants éphémères. Ils sont, dans le présent comme dans le passé, l'origine de toute vie et de toute forme, car aujourd'hui, comme toujours, tous les êtres vivants, et l'homme, le plus glorieux de tous, ne sont, à leur premier début, qu'humble et minime cellule.

Si la boue protoplasmique que certains savants ont cru découvrir existe réellement, si le Sarcode de Dujardin, le Blastema de Naudin, l'Urschleim d'Oken ne sont pas des chimères scientifiques, il faut y voir non pas l'origine de la vie organique saisie dans sa transition même du minéral à l'animal, mais au contraire une métamorphose régressive, un magma de cellules qui jadis furent parfaitement individuelles.

Nous trouvons à l'autre extrémité du règne reproduc.
teur des exemples complémentaires de dégénéres-
cence : nous voyons des vers d'anciens annelés, dé-
chus à bon droit de leur organisation primitive par
suite d'un odieux parasitisme (1) devenir des microbes
dépourvus d'organes et de tissus, réduits à la valeur
d'une simple cellule (2). Signalons encore la fréquente
phosphorescence des individus de ce règne, leur trans-
parence, leur tendance à se subdiviser d'une part, et
de l'autre à vivre en colonies, comme des traces de la
primitive splendeur, des lois morphologiques et des
habitudes sociales de leurs lointains et divins prototypes, les *Manon* (3) de la première aurore.

Leurs archétypes sont plus anciens encore ; ils proviennent d'un autre jour de *Brahmâ*, et existaient sur
des mondes éteints avant l'apparition de notre planète. C'est à bon escient que l'auteur de la Genèse a
placé leur création au troisième jour, immédiatement
après celle des éléments et avant celle des astres de
notre système. En vérité, les sept seigneurs (4) primordiaux, « ceux qui jetèrent dans le sol les semences
de tout ce qui croît sur terre », avaient créé les
graines, les germes et les substances reproductrices
osseuses ou ligneuses (5) « avant qu'ils fussent dans
la terre, avant qu'ils eussent poussé ».

---

(1) *Tænia echinococcus.*
(2) *Stylorhyncus oligacanthus.*
(3) Radicaux humains.
(4) Les *Aleim* compactèrent (*Bara*) d'abord le feu (*Aor*).
l'air (*Rakihwah*). l'eau (*Iammim*) et la terre (*Aretz*).
(5) *Deshœ-hesheb, Ma零eriha-零erah, Hetz-pheri.*

L'embryologie nous permet de reconstituer le développement rythmique de ces hiérarchies primordiales. Le point de départ, la cellule-œuf, est une sphère qui se divise d'abord en deux ; chez les amibes, le développement en reste là, les deux parties se séparent et forment des individus distincts ; ou bien les deux parties restent accolées et chacune se divise à son tour, formant des amas irréguliers ou des chaînes annelées coloniales (1) ; il se produit une symétrie plane diversement radiée (2), ou une sphère de sphères (3), une sorte de framboise comme l'œuf de la grenouille, qui ressemble à un globe terrestre avec ses parallèles et méridiens. Le développement s'arrête là chez certains protozoaires (4) et catallactes.

Si l'évolution continue, la blastophère s'aplatit, se replie sur elle-même, et tend à former une sorte de demi-sphère : qu'il naisse des bourgeons sur les bords de cette calotte, on aura les larves de certaines méduses à symétrie diverse, ou bien, si les bords de la calotte se rapprochent, de façon à ne laisser qu'une ouverture qui deviendra, selon le cas, la bouche ou l'anus du futur animal, ou les deux ; la *gastrula* ainsi produite constitue une nouvelle sphère creuse dont la cavité est limitée par l'entoderme qui deviendra le tube digestif (5).

---

(1) *Protozoaires vorticelles : bactéries filiformes.*

(2) *Stéphanosphère (pluvialis).*

(3) *Blastosphère.*

(4) *Volvox.*

(5) Si cette *gastrula* se fixe, elle peut devenir un polype, ou se segmenter en métamères, comme chez le *Schyphistoma* dont les métamères, devenues libres, forment autant de méduses

La faculté digestive et excrétive, avec ses organes, bouche, anus, canal digestif, organisation vasculaire, est donc la première qui apparaisse, après celle de reproduction, dans le développement physique. Le Brahmanisme en a fait la caractéristique de son second règne, le règne vasculaire ou excréteur (1). Il contient tous les végétaux supérieurs à partir du moment où les cellules végétales s'allongeant, et se soudant bout à bout, donnent naissance à des vaisseaux distincts. Il contient les mollusques, les zoophytes, les vers, constructeurs des assises terrestres, grâce à leurs facultés d'excrétion ou de sécrétion, tous les descendants dégénérés du *Manou* de la fin du premier jour. Nous avons vu que certains de ses individus ont rétrogradé dans le règne reproducteur ; d'autres espèces, au contraire, dont les prototypes furent contemporains du *Manou* de la seconde aurore, ont progressé dans le règne locomoteur : ce sont les insectes et crustacés. Notre règne reproducteur se divise en

---

Ephyra. Si la *gastrula* reste libre, elle passe par des formes qui peuvent donner naissance à une foule d'êtres divers, résumées en quelque sorte dans le développement de la larve du *Polygordius*. Celle-ci, comme la plupart des larves, représente en définitive une sphère, qui deviendra la tête de l'animal et à la partie inférieure de laquelle naît un prolongement : ce dernier se segmente peu à peu en métamères qui restent unies et qui, augmentant de nombre à mesure que la tête diminue de volume, finissent par produire un ver annélide. On pourrait figurer toutes ces évolutions par une spirale donnant naissance à de nombreux embranchements, et reproduisant périodiquement, le long d'un de ses rayons, des sphères de plus en plus complexes, cellule, blastosphère, gastrula, larve, etc.

(1) Règne *Payou* : ce mot signifie anus : il correspond comme organe d'action (*Karmendriya*) aux organes récepteurs (*Dignya nendriya*) du goût (*Rasa*).

deux embranchements : à l'un appartiennent les animaux qui ont développé des pattes spontanément (1) ;
à l'autre ceux qui rampent en s'allongeant avec
effort (2). Tous ont jadis été des larves, et la plupart
passent encore par cet état ; en outre, ils sont descen-
dus d'ancêtres hermaphrodites. En résumé, ce règne
des larves comprend tous les êtres polycellulaires
organisés et invertébrés.

Le squelette joue un rôle important dans la physio-
logie occulte. Les termes de *Manou* osseux et de
Manou sans os sont d'un emploi courant dans nos
livres secrets : il existe un rapport mystérieux entre
le sang et la moelle des os ; même dans l'ésotérisme
orphique, le premier malentendu entre Jupiter et
Prométhée provient d'une histoire d'os revêtus de
graisse et de peau contenant de la chair désossée.
Quoi qu'il en soit, le développement du squelette
interne est une des caractéristiques du règne locomoteur (3). Les êtres du règne vasculaire, mollusques
et arthropodes, ne possèdent qu'un squelette extérieur
ou d'excrétion, coquille ou carapace. La transition
du second jour de *Manou* a laissé aussi des traces
dans le règne végétal : les arbres sont exogènes ou
endogènes (4).

Dans l'histoire de l'embryon, après la formation

---

(1) *Svapada*.

(2) *Sarisripa* ou *Oulsripa*.

(3) Certaines éponges et anthozoaires ont suivi, de loin, ce
progrès ; on peut expliquer de la même manière l'incertaine
corde dorsale de l'être indécis appelé *amphionus*.

(4) Il est remarquable que le mot hébreu *hetz* signifie à la
fois arbre et os.

du canal digestif et de la peau, provenant de l'entoderme et de l'ectoderme primitifs, lorsque le méso-
derme intersphérique de la *gastrula* a donné naissance
au système musculaire et au futur squelette, apparaissent des bourgeons qui se métamorphosent en organes
locomoteurs et préhensiles : les membres postérieurs
se développent d'abord, puis les membres antérieurs,
comme on peut l'observer en suivant l'évolution d'un
têtard. Tel est aussi l'ordre suivi dans la classification
brahmanique des deux règnes locomobile (1) et préhenseur (2), contenant tous les vertébrés que l'on peut
classer à un autre point de vue en animaux à sang
froid et à sang chaud (3), ou en ovipares et vivipares

Tous les êtres qui se déplacent par natation, rep-
tation, course ou vol, qui possèdent un sang refroidi
par l'âge, un squelette et des membres, ou qui en ont
possédé à l'origine et les ont perdus par atrophie,
comme les serpents de terre et d'eau, appartiennent
au règne locomoteur, divisé en deux embranchements :
les dragons « sans cou », ancêtres des poissons et am-
phibies, descendent du *Manou* de la seconde aurore :

---

(1) Règne *Pada* : les pieds sont associés analogiquement
aux organes de la vue *(amsi)*, à la glande pinéale et au troisième
œil des reptiles.

(2) Règne *Pani* : les mains sont les organes du tact *(Torak)*
et correspondent à la peau. Il faut remarquer que ces fonctions
de locomotion et de préhension ont fourni à la science moderne
toutes les subdivisions et les termes barbares de Rhizopodes,
Céphalopodes, Hexapodes, Acanthoptérygiens, Solipèdes, Qua-
drumanes, etc.

(3) Expression d'ailleurs insuffisante : on a découvert
récemment que les différences de température entre les espèces,
loin d'être négligeables, pourraient servir d'échelle pour mesurer
leur âge.

« ceux qui avaient de longs cous au sein des eaux »
naquirent du *Manou* du second crépuscule et devinrent les ancêtres des reptiles terrestres et des oiseaux
de l'air. Certains sauriens ont suivi le progrès du
cycle préhenseur et furent de véritables bipèdes :
l'*amphioxus* semble au contraire un être en rétrogra-
dation vers le règne vasculaire. On peut aussi classer
tous ces êtres en trois types, selon la transformation
caractéristique du squelette externe, qui, carapace chez
les ganoïdes et chéloniens, se change en écailles chez
les poissons et reptiles, et en plumes chez les oiseaux.

Les êtres à poils, vivipares à sang chaud ou mammifères, composent le quatrième règne brahmanique,
ou, plus exactement, résument l'évolution du troisième
jour de *Manou*, celle du quadrupède au bipède, ses
deux embranchements. Les mammifères à nageoires
et à sabots, les cétacés et les mastodontes, sont les
lointains descendants du *Manou* de la précédente
aurore, tandis que le dernier crépuscule endormit les
véritables mammifères préhenseurs, le type de ce
règne, qui s'est réveillé à l'aurore de notre journée
actuelle sous la forme des marsupiaux, puis des lému-
riens, des singes, des cheiroptères, des rongeurs, et,
en général, de tous ces êtres à griffes et à ongles
qui affectionnent encore la station verticale, tandis
que beaucoup d'autres, par métamorphose régressive
ou réversion ancestrale, sont retombés à quatre pattes
dans le règne locomoteur.

La première fonction que le mammifère exerce en
venant au monde, le cri par lequel l'embryon perfectionné annonce qu'il a rejoint sa place dans l'évolution, la voix, est le progrès spécial de notre quatrième
jour de *Manou*, pendant lequel les grillons ont appris
à chanter, les grenouilles à coasser, les oiseaux à
gazouiller, les mammifères à mugir, à hurler, à rugir,
à braire, à hennir, et l'homme à parler. Aussi, les
Brahmines ont-ils choisi l'expression par la parole,
la manifestation du Verbe divin pour caractéristique
du cinquième règne, le règne parleur (1). Il y a des
animaux qui imitent la parole, et il y aura dans les
cycles futurs des animaux parlants (2), mais actuellement le langage proprement dit est réservé à
l'homme, qui forme à lui seul le cinquième règne.
Les embranchements de ce règne, les diverses races
humaines, sont indiquées par les divisions naturelles
du langage. Toutes les races aryennes parlent des
langues plus ou moins dérivées du sanscrit ; les
autres, depuis le basque jusqu'au chinois, sont de
lointaine provenance atlante, ou viennent de la Lé-
murie plus lointaine encore ; tous les êtres humains
vivant sur la planète, depuis l'Australien aux jambes

---

(1) Règne *Vatch*. Les organes actifs de la parole corres
pondent aux organes passifs de l'ouïe (*Srota*), et au son (*Sabda*)
ou vibration universelle.

(2) Il y en a eu dans le passé, mais artificiels, produits par
la terrible magie des Atlantes.

grêles jusqu'à l'Hindou au front noble, appartiennent à l'une de ces trois grandes races ou proviennent de leurs croisements.

La science moderne ne vole pas plus haut que l'aigle : elle n'a classé que les habitants de la terre, de l'eau et de l'air : elle ignore les célestes ondines, et les divines salamandres, et les sylphes de vie. Au delà de la matière solide, liquide et gazeuse, à part certaines hypothèses (1) comme l'yliastre de Paracelse, le protyle de Dumas, la matière radiante de Crookes, et l'éther qui nous appartient, elle ne suppose que des forces immatérielles : comme si le pur esprit, la pure force et la pure matière pouvaient exister les uns sans les autres ; comme si tout ce qui existe, même la conception mentale et l'imagination, ne possédait pas une réalité relative à la fois essentielle, dynamique et substantielle. La science est enchantée : elle n'a pas encore franchi le cercle magique, le cercle du feu.

Déjà cependant les antiques Plutoniens, Zénon, Empédocle, Héraclite, résolvaient l'univers dans le feu, tandis que les Neptuniens, Thalès et Xénophane, voyaient dans l'eau la source de toutes choses (2). La substance des plans supérieurs, eau, air ou feu transcendants, est en effet l'origine et le dissolvant des formes matérielles. Même sur notre plan, la propriété du feu est de dissoudre les formes. Le feu n'est pas

---

(1) Hypothèses qui font reculer peu à peu le domaine hypothétique des forces immatérielles.

(2) Le conflit s'est renouvelé de nos jours à propos de l'origine ignée ou sédimentaire des terrains primordiaux.

un élément à proprement parler, mais c'est une forme de l'énergie qui fait passer les corps d'un état à un autre, qui engendre et détruit les solides, les liquides et les gaz. Souterrain, humain, céleste, le feu est partout : il s'interpose entre les trois autres éléments vulgaires par la fusion de la glace et l'ébullition de l'eau. Sa place dépend du nombre d'éléments que l'on compte, et on peut à volonté l'énumérer en tête des autres, ou entre deux quelconques, ou au milieu de tous. Il est la manifestation dans notre monde de certaines propriétés des éléments supérieurs.

Le triangle sombre des éléments vulgaires est le reflet inverse du triple feu occulte, des éléments transcendants appelés en mystique l'océan de feu, le vent de feu et la flamme, ou l'eau, le feu et l'air supérieurs (1). Ce triangle flamboyant devient un carré par l'adjonction du cinquième ou septième élément, l'éther (2), placé en quelque sorte à cheval sur la limite du plan sensible (3). Les pyramides, dont le nom même est dérivé du feu, représentaient la constitution de l'univers par leurs quatre faces triangulaires; nous en tenterons l'escalade, depuis la base solide, à travers les dilatations et raréfactions progressives de la matière, jusqu'à la pointe aiguë par où le plein se perd dans le vide.

Cette raréfaction n'a lieu du reste qu'au point de vue de la densité physique, et ce qui est obscurité

---

(1) *Apas*, *Tédjas*, *Vayou*.
(2) *Akasha*.
(3) Entre le *Bhour-loka* et le *Bhouvar-loka*.

pour l'œil de matière, un chaos pour les sens, est pour la raison et pour la vision spirituelle un monde de lumière. Pour le solitaire des sommets, l'air le plus pur des plaines est une brume irrespirable, et, envi_ sagé de l'au-delà, le protyle le plus homogène paraît prodigieusement complexe. L'espace interstellaire appartient toujours au plan sensible, et nous reste perceptible, bien que sous une forme toute négative : ce vide initial est la plate-forme terminale d'où les esprits ailés s'élancent vers le véritable infini. Les trois éléments supérieurs du plan sensible sont en même temps les éléments inférieurs du plan supersensible, et cet éther de la science est le rebut de l'éther brahmanique (1).

On commence à enseigner dans les manuels modernes que la matière occupe l'espace sous deux formes, celle qui peut être perçue par nos sens et celle qui leur échappe, autrement dit la substance pondérable et l'éther. De temps immémorial, le Brahmanisme a exploré cette *ultima Thulé* scientifique, la théorie de l'éther, empruntée aux Grecs, qui la tenaient des Hindous. Aussi, tandis que les propriétés occultes de l'*Akasha* et les caractères spéciaux de ses nombreuses subdivisions sont parfaitement connus des initiés orientaux, les savants d'Occident ne sont pas

------

(1) Exotériquement aussi *Akasha* est le nom générique de tous les éléments hyperphysiques, depuis l'azur de l'air jusqu'à l'âme universelle : *Akasha* est donc la synthèse d'*Apas*, *Tédjas* et *Vayou*, éléments supérieurs, lorsqu'on l'énumère après l'eau, l'air et le feu grossiers ; mais, en réalité, la synthèse de ceux-ci n'est que *Prithoi* : *Akasha* est la substance du second plan, *Mahâkasha* celle du troisième et ainsi de suite.

encore d'accord sur la nature de l'éther, doté par eux de propriétés diverses et quelquefois contradictoires, selon le département spécial de la science où s'exercent leurs recherches.

« L'éther, où aboutissent en définitive toutes les routes scientifiques, a été inventé ou découvert par les astronomes pour servir de base à la théorie de la gravitation : ils en ont fait un fluide d'une extrême ténuité, n'offrant aucune résistance sensible aux mouvements des corps célestes. Puis, en physique, ce fluide fut identifié avec les impondérables, abandonnés aujourd'hui. Ensuite vint la théorie dynamique de la chaleur, et l'éther fut considéré comme le substratum des ondulations lumineuses ; mais les expériences sur la dispersion et la polarisation de la lumière ne tardèrent pas à le transformer en un milieu moléculaire et élastique, puis en une substance composée d'atomes matériels et sans extension, séparés par de sensibles distances. Bientôt Clerk Manuell renversa cette théorie dans son *Traité d'électricité et de magnétisme*, et enfin William Thompson transforma l'éther en un milieu homogène, incompressible, matériel et continu, au sein duquel des mouvements tourbillonnants prirent la place des anciens atomes, bien que, comme le fait remarquer Stallo avec beaucoup de justesse, tout mouvement soit impossible dans un milieu de ce genre, et que l'éther ainsi conçu, dépouillé de tous les caractères de la matière, ne puisse plus être considéré que comme une entité métaphysique (1). »

---

(1) H.-P. Blavatsky, *Secret Doctrine, passim*.

La métaphysique étant précisément l'horizon où s'arrête la science et où débute le Brahmanisme, ce ne sont pas les mystiques qui trouveront à redire à cette constatation, eux qui de tout temps ont appelé divine leur *Akasha*, et leur éther *Pater omnipotens !* Divinité toute-puissante, en vérité, et seule digne de réunir les suffrages du matérialiste et de l'idéaliste, à condition que l'un et l'autre soient transcendants, soient jusqu'au bout ce qu'ils veulent être. Car si le rocher pèse, si l'arbre vit, si l'homme pense, c'est qu'ils sont des cristallisations de l'éther : l'éther, matrice commune de la pierre, et de l'herbe, et de l'être vivant, est l'entité métaphysique par excellence, l'au-delà et la source de la nature sensible.

Les hypothèses de la science, parfois contradictoires entre elles, s'accordent toujours sur quelque point avec nos théories. Ainsi l'idée de Metcalfe, qui faisait de l'éther un fluide émané des soleils, une force positive pénétrant la matière sensible, correspond à notre idée du sang cosmique, du fluide solaire et vital, bien que nous considérions le soleil comme un réservoir et non comme un créateur de ce fluide. Nous n'avons rien à redire non plus à la théorie de Cauchy, car on se convaincra facilement que dans un éther composé d'atomes sans dimensions et séparés en conséquence par des distances relativement considérables il faut, pour expliquer la transmission du mouvement, supposer l'existence d'un éther inter-éthérique, et ainsi de suite à l'infini, le problème reculant de substance à substance et d'élément à méta-élément, et finissant toujours par dépasser même la plus profonde métaphysique.

Repoussant d'un pied hardi la solidité relative de notre atmosphère terrestre, si nous pouvions plonger dans l'océan alchimique avec des nageoires de rêve, nous trouverions dans les profondeurs incommensurables de l'eau céleste (1) une pureté trop calme et une virginité trop glaciale pour remplir nos aspirations même les plus idéales. Dans l'abîme sans rivages du Verseau circule et se nourrit pourtant une faune colossale, depuis les astres léviathans jusqu'aux bolides infusoires : troublée par leur agitation, l'onde surnaturelle s'épaissit à leur voisinage, et ce brouillard, moins dense que nos gaz les plus raréfiés, tient en dissolution la nourriture en même temps que les détritus de ces monstrueux organismes.

Les astres, poissons cosmiques, sont entièrement composés de ce *phagma*, et naissent de la condensation de nébuleuses obscures. dont la circulation autour des soleils produit les variations d'éclat de certaines étoiles. Plusieurs de ces continents de substance forment à notre soleil un lointain cortège de molles et invisibles planètes. Plus condensée, l'eau transcendante devient la viscosité énorme des globes extérieurs de notre système. comme Jupiter, composé, paraît-il. de substances à l'état critique entre les solides. liquides et gaz que nous connaissons sur terre : ces géants sont d'actifs dévoreurs de *phagma*. Parvenues au degré de condensation terrestre, les planètes continuent à se nourrir de la céleste manne :

---

(1) *Apas*. A cet élément correspondent les facultés d'assimilation *(Rasa)* et d'excrétion *(Payou)*.

mais, à mesure que le nourrisson grandit en matérialité, le lait de la mère divine se fait plus clair et plus
rare, jusqu'à ce que la planète devienne nourrice à
son tour.

Grâce à ses facultés d'assimilation et à ses organes
de goût transcendant, chaque astre choisit dans l'eau
alchimique et attire dans son voisinage les substances
qui conviennent à sa nourriture : chaque planète possède son règne minéral à elle, comme sa faune, sa
flore et son humanité spéciale, ou encore des règnes
naturels ne ressemblant en rien à ceux-là, des fleurs
qui sont des femmes peut-être, ou des arbres aux
fruits de diamant.

« Les éléments de notre planète, en leurs combi-
naisons, diffèrent de ceux des autres planètes solaires
autant que des éléments cosmiques extérieurs à notre
système. L'eau, l'air, la terre et même le feu sont les
productions déjà recombinées des atmosphères de
globes déjà formés. Il existe dans l'espace un perpétuel échange d'atomes, qui proportionnent et permu-
tent leurs équivalents de combinaison sur chaque
planète, et passent par des formes d'existence dont
votre science n'a jamais rêvé.

« Notre globe a son laboratoire spécial sur les con-
fins de l'atmosphère, et, en les traversant, chaque
atome, chaque molécule change de nature et devient
différent de son état originel. La dernière formation
des atomes en molécules physiques est produite dans
notre atelier terrestre et pas ailleurs. Et même durant
son passage à travers notre atmosphère, cette matière
subit certains changements de nature. L'atmosphère

supérieure est la bouche de la terre, l'inférieure son poumon : aussi l'homme se nourrit du rebut de sa mère (1). »

L'aliment préféré de notre planète semble être le fer (2). Son auréole sidérale est composée presque entièrement de cette substance, suspendue dans un état de dissolution sous-moléculaire difficile à comprendre en l'état actuel de la science. Elle nous semble parfaitement transparente bien que la scintillation des étoiles soit produite par ses mouvements perpétuels. Cette atmosphère est appelée dans le Véda la région des nuages pluvieux (3), parce qu'elle est la source réelle des phénomènes météorologiques, et aussi parce que ces hyper-nuages pleurent constamment (4) sur la terre leurs gouttes ferrugineuses, larmes d'or de la nuit apparaissant parfois sous forme d'étoiles filantes.

Notre planète se nourrit et s'engraisse de ce *phagma*, dont l'accrétion explique en partie l'accélération du mouvement lunaire et l'ensevelissement des strates géologiques. Au cours d'un jour de Manou, cet accroissement pourrait s'élever, selon la théorie brahma-

---

(1) H.-P. Blavatsky, *Secret Doctrine, passim.*

(2) *Sidéros* signifie à la fois fer et astre.

(3) Le *Rig-Véda* énumère six atmosphères terrestres : *Nabhastala* et *Nabhas*, les régions inférieures et supérieures de l'air, où sont les nuages matériels ; *Meghavartman*, la région des nuages transcendants (d'où vient la pluie mystique. *Pardjanya* produit du sacrifice); *Sourapatha* ou *Souravithi*, la piste des dieux lumineux ; enfin *Vayou-vartman*, la région du vent mystique, et *Vyôman* ou l'*Akasha*, la sphère céleste.

(4) Il ne se passe pas une minute sans chute d'étoiles filantes.

nique, à 1/73ᵉ du rayon terrestre : mais il est compensé à partir du milieu du cycle par une sorte d'évaporation inverse (1). Parvenues à maturité, les planètes commencent à rendre au dissolvant universel la substance qu'elles lui ont empruntée. Leur diminution de volume, commencée par la compaction ou création, se continue par la dissolution ou absorption dans l'ambiance. Chez les satellites du soleil ou des autres planètes, vivants et surtout morts, cette évaporation s'opère avec une intense rapidité, parfois ridée par quelque accident ou fracture finale (2). Ainsi, comme nous, les astres sont poussière et retournent en poussière.

Le soleil est lui-même entouré d'une énorme lentille de cette poussière sidérale, s'étendant au delà de notre orbite terrestre, et que certaines conditions d'éclairement nous permettent de voir sous la forme de la lumière zodiacale : à l'état de complète dissolution ou de liquide, cette atmosphère phagtique s'étend beaucoup plus loin encore. Enfin autour de l'astre central gravitent des anneaux paraboliques de cette substance, et aussi des comètes occultes ou invisibles, peut-être des comètes mortes.

« Bien haut au-dessus de la surface de notre terre, l'air est imprégné et l'espace est rempli d'une véritable masse de poussière magnétique ou météorique,

---

(1) L'épaisseur actuelle des strates est évaluée par Flammarion à 43.200 mètres.

(2) Les bolides et uranolithes, qu'il ne faut pas confondre avec les étoiles filantes, proviennent sans doute d'accidents de ce genre.

qui n'appartient même pas à notre système solaire.
Emportée à travers l'espace avec toutes les autres planètes, la terre reçoit une plus grande quantité de cette
matière sur son hémisphère arctique, où en conséquence il y a plus de continents, *comme aussi plus
de neige et d'humidité.*

« Des millions de météores et de particules infinitésimales atteignent tous les jours et tous les ans notre
globe ; tous les couteaux de nos temples sont faits de
ce fer céleste, qui nous parvient sans avoir subi aucun
changement, le magnétisme de la terre retenant ses
molécules en cohésion. La neige est pleine de ce fer
météorique et de ces particules magnétiques, et on en
trouve des dépôts jusqu'au fond des océans.

« *De la matière gazeuse* s'ajoute continuellement
à notre atmosphère par la chute incessante de cette
substance, et pourtant la science en est encore à se
demander si le passage de la terre à travers une région
où il y ait plus ou moins de ces masses météoriques
peut avoir quelque influence sur la hauteur de notre
atmosphère ou même sur l'état du temps. Je la croyais
au courant de ce fait que les périodes glaciaires aussi
bien que celles qui rappellent la température des âges
carbonifères sont dues à la décroissance et à l'accroissement ou plutôt à l'expansion de notre atmosphère,
expansion provenant elle-même de cette présence
météorique.

« En tous cas, nous savons que la *chaleur reçue par
la terre du rayonnement du soleil est tout au plus un
tiers, ou même moins, de la quantité de chaleur qu'elle*

reçoit directement des météores (1). La science attache à la fois trop et trop peu d'importance à l'énergie so-, laire et au soleil lui-même. Le soleil a très peu à faire avec la chaleur, et rien du tout avec la pluie. Tous les changements et troubles atmosphériques sont dus aux magnétismes combinés des deux grandes masses entre lesquelles notre atmosphère est comprimée.

« La terre est un conducteur électrisé dont le potentiel change constamment grâce à sa rotation diurne et à son mouvement annuel : de là tous les phénomènes de courants terrestres, de magnétisme terrestre et d'électricité atmosphérique : de là les refroidissements et échauffements successifs de l'air, la formation des nuages et de la pluie, des orages et des vents.

« Vous trouverez peut-être cela dans certains manuels. Mais la science ne voudra pas admettre que tous ces changements viennent du magnétisme akasique engendrant incessamment des courants électriques qui tendent à rétablir l'équilibre troublé... En dirigeant la plus puissante des batteries électriques, la forme humaine électrisée par un certain procédé, vous pouvez faire cesser la pluie sur un point donné, et produire, comme disent les occultistes, un trou dans le nuage pluvieux : en employant d'autres appareils fortement magnétisés dans un espace isolé pour ainsi dire, vous pouvez faire pleuvoir artificiellement.

« Vous connaissez l'effet des végétaux sur les nuages, vous savez comment ceux-ci sont attirés

---

(1) En conséquence, l'eau alchimique pourrait être appelée éther calorique.

au-dessus des arbres par leur nature fortement ma
gnétique... La moindre contraction musculaire est
toujours accompagnée de phénomènes électriques et
magnétiques ; il y a un rapport intime entre le magnétisme de la terre, les changements de temps et
l'homme, qui serait le meilleur baromètre vivant s'il
savait se déchiffrer proprement.

« Nous ne voyons pas un phénomène dans la
nature qui n'ait absolument rien à faire avec le magnétisme ou l'électricité, puisque partout où il y a
mouvement, friction, chaleur, lumière, là aussi le
magnétisme et son *alter ego* l'électricité apparaîtront
toujours comme cause ou comme effet, ou plutôt
comme les deux si nous approfondissons la manifestation jusqu'en son origine.

« Les plus fausses conceptions de la science con-
sistent dans ses notions limitées sur la loi de la gravitation, dans sa négation que la matière puisse être
impondérable, dans son terme nouvellement inventé
de *force*, et dans cette absurde idée, tacitement accep-
tée, que la force est capable d'exister *per se*, ou d'agir,
ainsi que la vie, en dehors de la matière, indépen-
damment d'elle, ou autrement que par elle ; en
d'autres termes, que la force est autre chose que la matière dans un de ses états les plus élevés, dont la
science ignore et nie les trois derniers ; enfin dans sa
complète ignorance de ce Protée universel, le magnétisme et l'électricité, de ses fonctions et de son importance dans l'économie de la nature. Dites à la science
que dès le déclin de l'empire romain, quand le Breton
tatoué venait offrir à l'empereur Claude son *Nazzar*

d'electro sous forme d'un collier d'ambre, il y avait des hommes qui, à l'écart des races immorales, en savaient plus long sur l'électricité et le magnétisme que les savants actuels, et la science rira de vous (1). »

Casqués d'audace, cuirassés de pureté, et montés sur l'hippogriffe de l'intuition, nous pouvons désormais franchir le cercle de feu où sont retenues les planètes dormantes et les satellites morts, et nous élancer à travers l'océan de flamme que respirent les divines salamandres, où resplendissent les vivantes opulences (2). Rien de corruptible ne subsiste en cet ardent fluide, dont les molécules même sont appelées Dévoreurs et Vies de feu, et dont les seuls habitants possibles sont les soleils solitaires, les inquiétantes nébuleuses et les effrayantes comètes.

Répandu dans les profondeurs de l'espace, jusqu'à quelques milliards de lieues, à l'état invisible et transparent, l'*orasma* solaire ou feu alchimique (3) s'épaissit autour des astres éclairants et des planètes les plus avancées. La nôtre en est auréolée à une hauteur prodigieuse, et, bien que l'intensité de l'azur nous empêche d'apercevoir les effets diurnes de cette gloire perpétuelle, son reflet illumine certaines nuits du flamboiement des aurores boréales et aus-

---

(1) Lettre d'un *Gourou*.

(2) Les huit *Vasou*, sujets d'*Agni*, sont les corps célestes lumineux par eux-mêmes.

(3) L'élément *Tédjas* ou l'invisible (*Aroupa*) acquiert ses premières formes (*Roupa*); aussi *Agni* est-il considéré comme le roi du monde visible (*Bhour-loka*).

trales : ruissellement de la chevelure d'or de notre planète, ondulant au moindre souffle de feu, sur le manteau immaculé de neige endormie qui couvre ses épaules.

Les fauves toisons de la planète frissonnent d'incessantes décharges électriques. Concentré vers les
pôles, l'*orasma* terrestre produit au nord magnétique
une protubérance appelée le bonnet de la mère, au
sud une dépression nommée par euphémisme les
pieds, l'abîme et le toujours caché. Le globe enveloppé de son atmosphère ignée ressemble ainsi à une
sorte de poire, et tous les atomes du brouillard de
feu possèdent une forme analogue.

Ces pôles sont les soupapes de sûreté par où
s'écoule le trop-plein du magnétisme terrestre, et
sans lesquelles notre globe aurait fait explosion depuis
longtemps : ils ne sont pas situés sur la terre, ni
dedans, mais au-dessus de sa surface, et si l'aiguille
aimantée plonge au nord, c'est qu'elle est repoussée
par le pôle magnétique de même nom plutôt qu'attirée par celui de nom contraire. Les pôles sont appelés, en occultisme, le dragon rouge et le dragon bleu.

« L'eau de la vie coule autour du corps de la mère
et l'anime : à une extrémité, elle sort de sa tête : elle
se souille à ses pieds ; elle se purifie dans son cœur,
qui bat sous la base de la sainte *Shambalah* (1). Car
c'est dans la ceinture de l'habitation de l'homme que
se trouvent cachées la vie et la santé de tout ce qui
respire...

------

(1) La terre heureuse, l'Inde intégrale, la région de l'Asie
où la déclinaison de l'aiguille aimantée est nulle.

« La doctrine occulte corrobore la tradition populaire selon laquelle il existe une fontaine de vie dans
les entrailles de la terre et au pôle nord. C'est le sang
de la terre, le courant électro-magnétique qui circule
à travers toutes les artères et qui est emmagasiné,
dit-on, dans son nombril (1). »

Toutefois les effets de l'*orasma* sur notre planète
sont peu de chose en comparaison de leur intensité
et de leur magnificence sur des planètes plus avancées. Ils donnent à Vénus la ceinture d'argent que
l'on aperçoit lorsqu'elle passe devant le soleil, et la
lueur cendrée qui a tant intrigué les astronomes.
Mercure se présente aussi devant le soleil avec un anneau violet égal au tiers de son diamètre, plus brillant que le soleil même, et un point lumineux situé
presque au centre de cet anneau. On a attribué ces aspects à des illusions d'optique, à des nuages, à des
phosphorescences atmosphériques, à des actions magnétiques et électriques, à des aurores boréales : ce
sont en effet des aurores générales et perpétuelles.
Les effets orasmiques sont moins sensibles sur les
planètes inférieures : on a cependant observé dans la
coloration de Jupiter des recrudescences coïncidant
avec celles de nos aurores boréales.

On a déjà remarqué aussi une grande analogie
entre les spectres fournis par l'étincelle électrique, les
aurores boréales et les chevelures des comètes. Longtemps celles-ci ont été prises pour des astres matériels, composés d'un noyau solide et d'une longue

---

(1) H.-P. Blavastky, *Secret Doctrine, passim*.

traînée de gaz enflammés, jusqu'au jour où l'on a découvert que notre terre venait de traverser la queue d'une de ces vagabondes, sans que les astronomes en aient perçu d'autre signe qu'une légère aurore boréale, « comme si cette queue n'était elle-même qu'une aurore ».

Si l'analyse au spectroscope prouve la présence de certains corps dans les astres, elle ne prouve nullement qu'ils y existent à l'état terrestre ou en combustion : la sensibilité subtile de cet instrument, capable de déceler dans la flamme d'une bougie la présence d'un millionième de milligramme de sodium, est parfois une ironique antithèse au matérialisme de ceux qui, s'en servant, prétendent éclairer la splendeur sacrée d'*Agni* à la lueur falote de leur lanterne, comparer sa subtilité au vide de leur machine pneumatique, et mesurer sa vitesse par celle d'un boulet de canon.

L'occultiste italien Jérôme Cardan a émis dès le XVIᵉ siècle l'opinion, peu galante mais juste, que la trop magnifique chevelure des comètes ne leur appartenait pas, que c'était une illusion produite par la réfraction de la lumière solaire à travers le globe de leur noyau.

De nos jours, l'astronome Flammarion, qui est un philosophe, un poète et un intuitif en même temps qu'un savant, a perfectionné cette théorie en remplaçant le faisceau lumineux par « un rayon électrique ou autre » produisant un effet tout spécial sur l'éther répandu dans l'espace, et qui, pour être d'une extrême ténuité, n'en est pas moins réel.

« Pour expliquer les immenses queues de comètes

qui se montrent toujours à l'opposé du soleil, et pour
éviter les translations impossibles qui nous ont frap-
pés à propos des grandes comètes de 1680, 1843, 1882,
il faut et il suffit que la comète agisse sur l'éther à la
façon d'une lentille, non pas précisément en réfrac-
tant les rayons lumineux, mais plutôt en produisant
une ondulation électrique encore plus légère que celle
des aurores boréales qui se forment aux limites même
de notre atmosphère... On a vu la lumière des queues
cométaires, notamment en 1843, 1860, 1874, ondu-
ler comme celle de l'aurore boréale. Nous ne connaissons pas la substance de l'éther : pourquoi ne
serait-elle pas lumineuse, étant électrisée ou traversée
d'un mouvement rapide d'un certain ordre? Mystère
sans doute, mais il vaut mieux l'avouer que de croire
la théorie faite (1). »

L'orasma répandu dans le système solaire devient
en effet visible lorsqu'il est excité ou plutôt garanti
comme une ombre lumineuse derrière le bouclier des
comètes, et forme les immenses chevelures que ces
astres semblent secouer à la face du soleil comme un
défi aux lois de la gravitation. Il ne s'ensuit pas qu'on
doive les traiter, avec Herschel et Babinet, de riens
visibles, de nihilités chevelues. Ces errantes jouent au
contraire un rôle capital dans la genèse des mondes :
le Brahmanisme voit en elles des spermatozoïdes
célestes (2), germes de soleils et de planètes. Elles
possèdent d'ailleurs, sous leur queue postiche, une
tête et une chevelure bien à elles.

---

(1) *Astronomie populaire.*
(2) *Tédjas* signifie à la fois semence virile et lumière.

Képler disait qu'il y a autant de comètes dans le ciel que de poissons dans l'Océan, et aurait pu ajouter que la faune céleste contient autant d'espèces diverses que la faune marine. Une comète complète est une nébuleuse individualisée, un noyau de pur *orasma*, c'est-à-dire de matière dans son cinquième état, enveloppé d'une énorme atmosphère (1) de substance dynamique ou de force substantielle, voyageant dans l'espace, sous une forme plus ou moins sphérique, avec une énorme rapidité (2). Ce noyau est de même nature que la photosphère solaire, et c'est pourquoi, lorsqu'une comète passe devant le soleil, ce passage reste complètement invisible, ou bien le noyau paraît plus lumineux que le soleil lui-même : quant à la nébulosité qui l'entoure, elle est composée de substance un peu moins immatérielle, peut-être d'une sorte de *phagma* orastique ; cette couronne cométaire, repoussée par la couronne solaire, cette lumière refoulée par de la lumière, s'aplatit du côté du soleil, s'allonge du côté opposé, et dans ce prolongement apparaissent bientôt les irradiations aurorales dont l'intensité augmente à mesure que la comète se rapproche du soleil et diminue à mesure qu'elle s'en éloigne, jusqu'à ce qu'elle reprenne enfin sa forme primitive de nébuleuse.

Nous ne voyons qu'un très petit nombre de comètes, celles qui, déjà captées par le soleil, entrent dans

---

(1) Cette nébulosité est quelquefois plus grosse que notre soleil.

(2) À l'élément *Tédjas* correspondent la faculté de mouvement *Pada*) et la propriété de visibilité (*Amsi*).

l'atmosphère orastique de notre système. Mais l'espace est rempli d'amas nébuleux du même genre, les uns se précipitant à travers la nuit, les autres relativement immobiles, tourbillonnant autour d'un ou plusieurs centres d'attraction. Les plus gigantesques de ces tourbillons nous apparaissent vaguement sous forme de nébuleuses insolubles. Notre système a passé par un état analogue, que la science rétrospectrice appelle le brouillard de feu primordial, mais qui en réalité n'était ni primordial ni composé de brouillard, et ne contenait rien non plus qui ressemblât à du feu, ou même à de la chaleur. Tous ces mots sont insuffisants jusqu'au ridicule pour nous donner la moindre idée des forces transcendantes et complètement inconnues qui forment les mondes dans la profondeur du temps, de l'espace et de la spiritualité.

La chaleur et la lumière sont des vibrations qui, produites par certains corps célestes. traversent sous une forme inconnue l'espace toujours sombre et glacé, et déterminent dans notre atmosphère grossière des effets que nos sens perçoivent sous forme de matière échauffée et éclairée. Nous ignorons sous quelle forme ces émanations voyagent dans l'espace et sous quelle forme elles existent dans le foyer dont elles rayonnent. Le plus subtil de nos sens, la vue, nous montre bien le soleil comme un corps lumineux, mais le tact par lequel nous percevons la chaleur ne nous apprend rien sur sa température, encore moins sur sa constitution réelle.

Avec une stupéfaction qui dure encore, les astronomes, à plusieurs reprises, ont vu des comètes tra-

verser la couronne et même les flammes solaires et
en sortir saines et sauves, sans être aucunement dé-
rangées dans leur majestueux essor. Flammarion se
demande comment tel imprudent papillon céleste ne
s'est pas consumé dans ces flammes « dont l'incon-
cevable ardeur s'élève à plusieurs centaines de milliers de degrés et qui, jointe à la formidable puissance
de l'attraction solaire, aurait dû saisir, déchirer,
anéantir, la pauvre aventurière céleste », et conclut
philosophiquement que le vrai peut quelquefois
n'être pas vraisemblable.

Or, le vrai, c'est le fait observé, et l'invraisemblable,
ce sont les hypothèses scientifiques sur la constitution du soleil et sa température, celle-ci oscillant
d'ailleurs entre les 1.600 degrés de Pouillet et les
10 millions de degrés de Secchi, tandis que la limite
d'âge imposée à notre système peut varier à l'aise,
depuis les 25 millions d'années dans lesquelles Thom-
son enferme tout le passé et tout l'avenir de l'astre
central, jusqu'au milliard d'années réclamé par
Huxley rien que pour expliquer les transformations
organiques de sa pauvre petite planète. Le flambeau
de l'éternité n'est pas un bec de gaz alimenté à l'hydrogène : « il n'est ni tangible, ni dimensionnel, ni
même aussi moléculaire que votre électricité » ; et il
ne risque pas de s'éteindre de si tôt, pour la bonne
raison qu'il ne brûle pas.

« Le soleil que nous voyons n'est pas du tout la
planète centrale de notre petit univers, mais seulement
son voile ou sa réflexion, ce soleil visible ne contient
rien qui ressemble à de la matière minérale ou à du

feu, bien que nous-mêmes, en parlant votre langue civilisée, soyons obligés d'employer des expressions telles que vapeurs et matières magnétiques. Passant comme font les comètes à travers un reflet, il n'est pas étonnant que la dite vapeur n'ait pas d'effet visible sur ces corps légers : mais elles ne pourraient passer dans l'aire d'attraction sans être immédiatement annihilées par cette force dont aucun *vril* ne peut donner une idée adéquate, puisqu'il n'y a rien sur terre qu'on puisse lui comparer.

« La lumière coronale contient du fer aussi bien que d'autres vapeurs (1). Vous dire en quoi elle consiste est inutile, puisque je suis incapable de traduire les mots que nous employons, et qu'aucune matière de ce genre n'existe, au moins dans notre système planétaire, en dehors du soleil. On ne peut appeler cela ni chromosphère ni atmosphère, car c'est tout simplement l'*aura* magnétique et toujours présente du soleil, que les astronomes aperçoivent pendant quelques instants au cours d'une éclipse, tandis que certains de nos disciples la voient quand ils veulent, en se mettant, bien entendu, dans un certain état d'induction : c'est une contre-partie des flammes rouges.

« On peut voir la couronne dans les cristaux de Reichenbach ou tout autre corps fortement magnétique. La tête d'un homme dans une condition de forte extase, lorsque toute l'électricité de son système

---

(1) « Tous les *éléments* terrestres familiers à la chimie, mais dont aucun ne mérite réellement ce nom, sont présents dans les robes extérieures du soleil, avec bien d'autres inconnus de la science, qui n'ont pas encore atteint notre globe ou n'y ont pas encore été découverts. »

est concentrée autour du cerveau, présentera, surtout
dans l'obscurité, une parfaite ressemblance avec le
soleil durant ces périodes. Le premier artiste qui ait
peint des auréoles autour de la tête de ses dieux et de
ses saints n'était pas un inspiré ; il s'est seulement
autorisé, pour cette représentation, des peintures des
temples, des traditions des sanctuaires et des salles
d'initiation où ces phénomènes avaient lieu.

« Cette émanation, que la science attribue à l'hydrogène dans les flammes qui entourent le soleil, dans la
couronne intérieure, est d'autant plus forte et plus
brillante qu'elle est plus rapprochée de la tête ou du
corps émettant l'*aura*. Le fait que ces flammes ne sont
pas toujours présentes en égale quantité prouve simplement la fluctuation constante de la matière magnétique et de son énergie, dont dépendent aussi la va-
riété et le nombre des taches ; dans les périodes d'iner-
tie magnétique, les taches disparaissent ou restent invisibles. Les variations dans la couronne n'ont aucun
effet sur les climats terrestres, mais les taches en ont
un (1).

« Plus loin jaillit l'émanation et plus elle perd de
son intensité ; elle s'apaise graduellement et finit par
s'effacer : de là la couronne extérieure dont la forme
rayonnante est due entièrement à ces phénomènes.
Leur luminosité provient de la nature magnétique de
la matière et de l'énergie électrique, et pas du tout
de particules intensément chaudes comme l'affirment

(1 La science a reconnu la remarquable identité des courbes
graphiques représentant la variation des aurores boréales, des
taches solaires et de l'aiguille aimantée.

certains astronomes. Peut-on s'imaginer le feu des *Djaïna* nourri de matière purement minérale, et des météores fortement chargés d'hydrogène fournissant au soleil une immense atmosphère de gaz enflammé ! En vérité, nous sommes tentés de sourire quand nous entendons employer les expressions de matière solaire, de vapeurs et de gaz chassés par de puissants tourbillons et cyclones, car nous savons que ces lumières et ces flammes sont simplement la substance magnétique dans son état ordinaire d'activité. Les longs filaments blancs, les grandes flammes terminées en spirales de feu, et les nuages transparents ou plutôt les vapeurs formées de fils délicats de lumière argentée suspendues sur ces flammes ne sont que l'aura magnéto-électrique, le *phlogiston* du soleil.

« Le soleil est le cœur et le cerveau de notre univers de pygmées : nous pourrions comparer ses *facula*, ces millions de petits corps intensément brillants dont se compose la surface du soleil en dehors des taches, aux corpuscules sanguins de ce luminaire, bien que quelques-uns, comme le suppose correctement la science, soient aussi grands que l'Europe. Ces corpuscules sanguins sont la matière électrique et magnétique dans ses sixième et septième états.

« La science a de terribles atouts contre elle en étudiant cette planète ; heureusement pour nous, nous n'avons pas les mêmes difficultés ; la plus importante vient des tremblements constants de notre atmosphère, qui empêchent les savants de juger correctement le peu qu'ils voient. Un tel obstacle n'a jamais barré la route des anciens astronomes chaldéens et égyptiens ;

ce n'en est pas un pour nous non plus, car, connaissant toutes les conditions akasiques, nous avons les moyens d'arrêter ces tremblotements ou de réagir contre eux. Ce secret, pas plus que celui de faire la pluie, à supposer que nous le divulguions, ne serait d'aucune utilité pratique pour vos hommes de science, à moins qu'ils ne deviennent occultistes et ne sacrifient de longues années à l'acquisition des pouvoirs. Vous imaginez-vous un Huxley ou un Tyndall étudiant *Yog-vidya* (1) ! »

Les soleils, dont la présence rend l'univers visible, ne sont pas visibles en eux-mêmes : les yeux des hommes ne sauraient apercevoir ces yeux du monde. Nous ne voyons pas le soleil, mais seulement ses robes extérieures ou orasmiques, la photosphère et la chromosphère. Le soleil intérieur, composé d'air alchimique (2), n'est perceptible qu'au toucher transcendant, c'est-à-dire d'une part à cette faculté d'action (3) qui permet, à l'homme seul, de faire des efforts systématiques et raisonnés, de modifier la matière plastique, de la modeler, de la façonner, de la pétrir, et d'autre part à cette faculté de connaissance (4), grâce à laquelle et à ses prolongements artificiels nous pouvons mesurer les forces extérieures, la densité des corps, leur poids, leur masse, tous les effets de l'attrac-

---

(1) Lettre d'un *Gourou*.

(2) L'élément *Vayou*, que nous traduisons par *plasma*, correspond à la faculté de tact (*Sparsa*) et aux organes de l'action consciente, les mains (*Pani*).

(3) *Karmendriya*.

(4) *Dignyanendriya*.

tion ou de l'universel désir de contact (1), et connaître la matière jusque par delà les limites de la visibilité.

Ici, pour la première fois, la théorie brahmanique nous semble diverger sérieusement de la théorie scientifique, ou plutôt nous ne possédons pas assez de science pour tenter la conciliation ; d'ailleurs nous n'avons pu glaner du système occulte que quelques fragments aussi étranges que disparates, nos maîtres considérant toute révélation astronomique comme encore prématurée : cependant nous n'hésiterons pas à répéter ce que nous avons entendu dire, d'abord parce que nous y croyons, ensuite parce que ces allusions, tombant dans un terrain plus fertile que le nôtre, ouvriront peut-être à des esprits plus savants des horizons plus vastes.

Au fond, la divergence est sans doute plus apparente que réelle. Ce que nous pourrons dire n'infirmera en rien les magnifiques déductions de Képler et Newton. La science explique parfaitement comment agit la gravitation, étant données les apparences, mais ne nous dit rien de ses causes réelles. Tout se passe comme si les corps possédaient une masse : mais qu'est cette entité mystérieuse (2), et les corps la renferment-ils réellement ? Pour nous, elle constitue la corporéité même, elle réside dans cet éther pondérable que nous appelons *plasma*, répandu dans tout le sys-

---

(1) L'électricité, sur le plan matériel, naît précisément du contact, intensifié par le frottement.

(2) N'est-ce pas une véritable abstraction métaphysique que cette conception de masse, placée à la base de la physique et de la mécanique, et qui s'exprime par le rapport d'une force à une vitesse résultant d'une distance ?

tème solaire et dans tout l'univers, et elle dépend, pour chaque corps, de l'intensité de son souffle alchimique.

Les planètes les plus matérielles (1) du Brahmanisme sont précisément celles où les corps pèsent le moins : ainsi Mars est plus matériel que la terre, bien que les pierres y soient plus légères ; Jupiter l'est moins, et pourtant, transportés à sa surface, nous n'y pourrions remuer un membre. La lune, qui possède la plus faible masse des astres de notre système, et le soleil, qui possède la plus forte, sont les deux extrêmes de la matérialité et de la spiritualité : l'une est un cadavre ne possédant plus de souffle alchimique propre, l'autre est le cœur vivant de notre monde planétaire, un pur noyau d'air transcendant. La matérialité du soleil, à l'inverse de celle des planètes, décroît de la circonférence au centre. L'astre central est enveloppé d'une couronne, d'une photosphère et d'une chromosphère, au sein desquelles l'*orasma* de notre système produit ses manifestations les plus grandioses : à l'intérieur vient la robe plastique ou aérienne, le *nucléus*, et enfin la *nucléole*, composée d'éther hyper-cosmique (2), ne possédant aucune existence matérielle.

« Les occultistes trouvent que la théorie centrifuge,

---

(1) Les plus matérielles au point de vue de leur corps physique, non pas au point de vue de leur âme, c'est-à-dire de l'avancement, comme constitution organique et mentale, des êtres qui les habitent : Mercure et Vénus sont plus concrétés, plus compacts que la terre, plus matériels, mais aussi plus vieux et plus avancés en spiritualité.

(2) *Akasha*.

non aidée, ne peut rendre compte de tous les phénomènes d'aplatissement polaire, ni expliquer les difficultés présentées par la densité relative des planètes.
Aucun calcul de force centrifuge ne peut nous faire
comprendre comment Mercure par exemple, dont la
rotation, nous dit-on, n'est qu'un tiers environ de
celle de la terre, tandis que sa densité est d'environ
un quart plus grande, possède une compression
polaire plus de dix fois supérieure à celle de notre
planète (1) ; ou encore pourquoi Jupiter, dont le mouvement équatorial est, paraît-il, vingt-sept fois plus
rapide, et la densité seulement un cinquième de celle
de la terre, présente une compression polaire dix-sept
fois plus grande ; ou pourquoi Saturne, avec une vélocité équatoriale cinquante-cinq fois plus grande que
Mercure, n'a qu'une compression polaire triple de
celle de cette planète. Pour couronner ces contradic-
tions, on nous demande de croire aux forces centrales
telles que les enseigne la science moderne, alors que
la matière équatoriale du soleil, avec plus de quatre
fois la vélocité centrifuge de la surface équatoriale de
la terre, et seulement un quart de la gravitation de

---

(1) Cette lettre a été écrite voilà plusieurs années. Les observations, si difficiles d'ailleurs, sur l'aplatissement et même la
rotation des planètes, conduisent à des résultats qui varient
d'année en année. Les savants les plus sincères admettent
aujourd'hui qu'il est à peu près impossible de mesurer l'aplatissement de Mercure. Même pour notre voisine, Mars, les
appréciations varient de 1/16 à 1/219, et encore tous ces nombres sont beaucoup trop forts pour la théorie de l'attraction.
Comme dit Flammarion, il y a là quelque mystère. Il y a
quelque chose de suspect dans le royaume de Danemark, dans
la théorie de la densité.

la matière équatoriale, n'a manifesté aucune tendance à s'enfler vers l'équateur solaire, ni montré le moindre aplatissement des pôles (1). »

La densité attribuée par les calculs astronomiques à notre propre globe est bien supérieure à ce que nous montre l'observation, tout au moins de sa surface, et oblige la science à supposer dans l'intérieur de la terre un noyau métallique presque aussi lourd que du plomb: d'après une autre hypothèse, ce plomb ou ce fer doit être en fusion. Nous n'avons rien à dire à ces théories savantes, pas plus qu'aux théories théologiques, peu embarrassées pour utiliser ce plomb fondu entre les mains de messire Satan. Les unes et les autres sont bien anthropomorphes: l'inquisiteur imaginait l'enfer d'après son âme; le savant se représente le soleil d'après son calorifère ; cela n'empêche pas l'attraction que nous inspirent les savants ni la répulsion que nous éprouvons pour les bourreaux de n'être nullement proportionnelles à la masse de ces individus. Pour nous, nous n'avons pas besoin de toutes ces hypothèses: il suffit qu'un point *laya* (2) soit fécondé pour qu'il devienne un centre d'attraction proportionnel à ses destinées.

La religion la plus vénérable et la plus naturelle de l'humanité, l'ancien Védisme, adorait le soleil sous la triple forme d'un dieu dans un souffle de feu (3). Dans cette trinité primordiale, les philosophes le con-

---

(1) Lettre d'un *Gourou*.

(2) Ovules de mondes, points neutres, centres akasiques, les vrais atomes de l'occultisme.

(3) *Agni-Vayou-Souryâ*.

cevaient comme cerveau et pensée du monde, les savants le sentaient comme cœur et vie de notre univers, les poètes et la foule le célébraient comme œil et flambeau de la nature. Plus tard l'aspect scientifique prévalut, et la place d'honneur fut attribuée à *Vishnou* (1) le soleil occulte, l'immense sphère d'éther dont le soleil plastique est le noyau central.

« Le soleil est le cœur de notre monde solaire, et son cerveau est caché derrière le soleil visible. La sensation rayonne de là dans tous les centres nerveux du grand corps, et les vagues d'essence vitale coulent dans toutes les artères et les veines ; les planètes sont les membres et le pouls. Le soleil *in abscondito* est le magasin de notre petit cosmos ; il engendre lui-même son fluide vital et reçoit toujours autant qu'il donne : et le soleil visible n'est qu'une fenêtre taillée dans le véritable palais solaire, dans la vraie présence : sorte de lentille qui reflète fidèlement l'œuvre intérieure.

Si ce voile s'écartait pour une seconde. toutes les planètes seraient instantanément réduites en cendres, comme les soixante mille fils du roi *Sagara* furent détruits par un coup d'œil de *Kapila*.

« Le soleil invisible est composé de ce qui n'a ni nom ni analogue dans rien de ce que connaît votre science sur terre. Ce n'est pas un globe solide, ni liquide, ni même gazeux, mais une gigantesque boule

---

(1) Sous sa forme la plus concrète et la moins métaphysique, *Vishnou* est l'éther pondérable (*Vayou*) répandu sur les trois plans inférieurs de l'univers intégral.

d'électro-mouvement, mouvement qui bat dans toutes les directions, nourrissant le plus petit atome comme le plus grand génie du même matériel jusqu'à la fin du grand cycle...

« Il y a des forces coexistantes avec la gravitation, et dont votre science n'a jamais rêvé : outre qu'il n'y a pas de gravitation à proprement parler, mais seulement de l'attraction et de la répulsion (1)... La lumière non plus n'est pas un principe indépendant. Tous ces phénomènes ne sont que l'effet des mouvements diversifiés de ce que nous appelons l'*Akasha* : il n'y a en réalité qu'un seul élément, principe et cause de tout le reste...

« La dernière théorie de l'énergie radiante, prouvant qu'à proprement parler il n'existe dans la nature rien de tel qu'un rayon chimique, calorique ou lumineux, est la seule à peu près correcte... En vérité, il n'y a qu'une chose, l'Énergie radiante, qui est inépuisable, qui ne connaît ni croissance ni déclin, et qui continuera son œuvre de génération spontanée jusqu'à la fin du *Mauvantara* solaire... Oui, appelez cela énergie radiante : nous l'appelons la Vie (2), la vie qui pénètre partout, la vie omnipotente, toujours à l'œuvre dans le soleil, son grand laboratoire (3). »

« Le soleil se contracte avec autant de rythme que

---

(1) Pour l'occultiste, les phénomènes de lévitation démontrent que le poids d'un corps ne dépend pas uniquement de sa masse.

(2) *Prâna*, le souffle divin, l'air alchimique d'une part, d'autre part la substance du plan supersensible : l'aspect supérieur de l'*Akasha* inférieure, et aussi des éléments que nous venons de décrire.

(3) Lettre d'un *Gourou*.

le cœur humain. Seulement le fluide met un an à passer dans les oreillettes et ventricules, et dix ans à faire le tour des poumons, veines et artères : c'est pourquoi le nombre des taches solaires augmente tous les onze ans. Si on pouvait rendre le cœur humain transparent et le projeter sur un écran, tout le monde verrait le phénomène des taches solaires se renouveler à chaque seconde, grâce à la contraction et à l'afflux du sang.

« Ce fluide dont les soleils sont, non pas les générateurs, mais les réservoirs, est le substratum, la base matérielle de la chaleur, de la lumière, du son, de l'action électrique. La chaleur est la réverbération, le son, la répercussion sur notre plan, de ce qui est le mouvement perpétuel de la substance des plans supérieurs.

« Metcalfe prétend que le facteur impondérable et actif qu'il appelle calorique n'est pas une simple forme de mouvement, ni une vibration des particules de la matière pondérable, mais une substance matérielle s'écoulant du soleil dans l'espace, remplissant les vides entre les molécules des corps solides, et nous fournissant par la sensation la propriété appelée chaleur.

« Nous disons qu'il remplit tous les points de notre système solaire, car c'est pour ainsi dire le résidu physique de l'éther, sa doublure sur notre plan. Comme second principe de l'âme universelle (1) et comme

____

(1) Mme Blavatsky parle ici de l'éther calorique ou de l'eau alchimique, véhicule ou duplicata de l'éther vital et mental.

force vitale de la nature, il est intelligemment guidé par son cinquième principe.

« *Prâna* est aussi l'éther nerveux. Comme principe inférieur de l'essence primordiale qui est la vie, c'est la vitalité animale diffuse dans toute la nature et agissant d'après les conditions qu'elle trouve pour son activité. Ce n'est pas un produit animal, mais l'animal, la fleur, la plante qui vivent sont ses produits. Les tissus animaux ne font que l'absorber suivant leur état plus ou moins sain ou morbide, mais, remarquons-le bien, seulement dans leur état primo-génital, car, à dater de la naissance de l'entité, ils sont régis, fortifiés et nourris par elle.

« Il descend en plus grande abondance pour la végétation dans le rayon solaire (1) qui éclaire et nourrit la lune, et c'est par le moyen de celle-ci qu'il verse sa lumière pénétrante sur l'homme et sur l'animal, et davantage pendant leur sommeil et leur repos que dans leur pleine activité. Sa trop grande exubérance dans le système nerveux amène aussi souvent la maladie et la mort que sa trop grande rareté (2). »

Frissonnement d'amibe ou course folle de comète, tous les êtres vivent, se meuvent et existent dans et par l'éther pondérable. La nébuleuse solaire n'est pas seulement un brouillard de feu, mais aussi un brouillard de vie et d'énergie, qui se prolonge en s'éclaircissant dans le grand air pur de l'immortalité, par delà les dernières brumes de la matière. Le coup

----

(1) *Soushoumna*.
(2) H.-P. Blavatsky, *Secret Doctrine*, *passim*.

d'aile qui vient de nous emporter aux origines de la
vie solaire peut nous emporter à travers les ultimes
profondeurs de l'espace et du temps sans que jamais
nous puissions sortir de ce débordement de vie inexo-
rable.

Des ailes, partout des ailes ! Il passe un tourbillon
d'ailes devant nos yeux. Il en pousse à nos pieds, à
nos talons, à nos épaules, et nous y sentons passer
comme un frémissement d'inconnu, l'agitation de
vibrations innombrables, voix consolatrices dans le
vent, atomes de vie, tristes de leur petitesse dans l'immortalité, effleurements voluptueux d'anges blancs et
chastes. Nous perdons pied, nous perdons sens, nous
délirons de joie à respirer cet air vierge et vivant, ce
souffle venu de toujours et de partout. Qui donc par-
lait d'oubli et de mort? Notre passé n'est qu'un frissonnement d'ailes, notre avenir n'est plus qu'un essor
infini.

Le Brahmanisme considère comme erronée l'hypothèse scientifique d'après laquelle notre planète, trans-
portée soudain au voisinage de Jupiter, sentirait l'océan
se glacer et l'air s'épaissir autour d'elle. Sans doute,
les conditions de la vie seraient modifiées du tout au
tout : mais dans l'embrassement immense de ce père
tout-puissant qui est l'éther calorique, aucune de ses
filles même la plus faible ne saurait être atteinte par
le froid de la mort (1). Or cet embrassement s'ouvre

---

(1) Les planètes meurent, et le soleil mourra aussi, mais
d'âge, et non d'un refroidissement contracté dans les courants
d'air de l'infini, ni de faim ou faute d'aliment.

vers l'univers entier. La même foudre dont le dieu sillonne notre ciel fait rouler le char du soleil et échauffe les pôles de diamant de la voûte étoilée. Le forgeron du tonnerre a fourni les enclumes qui tiennent écartelés, vers les points cardinaux, les membres adorables de la grande Héré.

L'éther lumineux, dont la condensation rend visibles les planètes et les comètes à une distance considérable du soleil, nous permet, épanché sous une forme plus rare à travers l'univers entier, d'entrevoir les tremblantes étoiles.

Elles agissent sur nous elles aussi, par l'éther pondérable mais, en comparaison de leur subtile influence les perturbations apportées dans la plasticité solaire par l'astre lointain de Le Verrier sont palpables jusqu'à la grossièreté. Du bout de sa plume, aussi, l'astrologie peut copier nos destinées, écrites avec celles du monde en ces lettres divines, saupoudrées d'une poussière d'or.

Les éléments de premier ordre, que nous touchons et respirons sur terre, et dont nous venons d'analyser la forme seconde dans notre système solaire, sont en même temps, sous leur aspect supérieur, des éléments de troisième ordre ou universels. A mesure qu'ils s'étendent vers l'infini, qu'ils se subtilisent vers le vide, leur durée se prolonge dans l'éternité et leurs propriétés différentielles s'atténuent et se fondent dans l'homogène.

De la sorte, la trinité des éléments supérieurs s'absorbe dans l'unité de l'élément par excellence, de la force unique, du premier des échelons divins ; car

la route des conceptions humaines est le plancher de
l'Olympe.

Tel est le secret de la sainte trinité, expliquée par
rang d'âge, lue selon le sens vertical de la croix mystique (1). Selon le sens horizontal, l'éther occulte (2)
devient une famille d'hypostases, dont les matéria-
listes, les savants et les dévots peuvent adorer à volonté la mère ou substance, le père ou essence, qui
est l'esprit, et le verbe androgyne qui est la force.

Au point de vue objectif. l'élément unique est le
vide (3) interstellaire et ultra-stellaire, en même temps
que la plénitude (4) initiale et éternelle, puisque de ce
vide sont issus par condensation tous les éléments
matériels, toutes les nébuleuses, tous les astres et
toutes les molécules. Celles-ci, à mesure que nous
nous rapprochions de l'invisible (5), se sont divisées
en sous-molécules phagmatiques ou ondines, en atomes
orastiques ou salamandres, en sous-atomes plastiques
ou sylphes, et nous échappent enfin, purs centres mathématiques, en devenant les véritables atomes du
Brahmanisme, les points neutres (6) ou unités de force
et de matière, les germes, selon leur destinée, de cellules ou de cristaux, de plantes ou d'animaux, d'astres

---

(1) Le *Svastika* ou croix pattée. Toutes les trinités des religions se rattachent à l'un ou l'autre de ces deux types.

(2) *Akasha*.

(3) Sous cette forme. l'*Akasha* s'appelle *kha*. racine du grec
chaos. Les nihilistes ont donc raison de dire que le monde est
sorti du néant. Hésiode avait raison aussi. mais lui le savait.

(4) Le *Pleroma* des Gnostiques.

(5) *Axara*. une des épithètes de la divinité.

(6) Points *laya* ou de solution du matériel dans l'au-delà. racine du grec *huô*.

ou de nébuleuses, les centres ultra-métaphysiques d'idéales sphères d'individualité (1).

Dans le vide universel, notre puissant soleil n'existe lui-même que sous la forme d'un de ces points de néant, centre d'une sphère de pure abstraction : et c'est là ce que nous appelons le véritable soleil occulte. Le physicien Keely concluait de ses expériences, malheureuses parce que prématurées, que « les fondations de l'univers reposent sur un point vide beaucoup plus infime qu'une molécule, un point inter-éthérique dont la compréhension demanderait un esprit infini. L'aire d'un tel atome, pour ainsi dire, présente toutes les forces réceptives ou antagonistes qui peuvent caractériser une planète aussi grande que possible (1) ; en conséquence, à mesure que l'accumulation procède, l'équation demeure parfaite. Une fois fixé, ce centre minuscule, il faudrait autant de pouvoir pour l'arracher de sa position que pour déplacer la plus immense planète. Si ce centre neutre atomique est déplacé, la planète doit le suivre. Le centre neutre porte dès le début tout le fardeau de toute accumulation possible, et demeure identique à jamais balancé dans l'espace éternel ».

---

(1) Les sphères de feu ou horizons d'éternité, les corps radieux de saint Paul, appelés *Tédjasi-roupa*, ou plutôt quelque chose de plus spirituel encore.

(2) Nos centres *laya* sont plus subtils encore ; ce ne sont pas des points de force, mais des centres de destinée (*Karma*), des aires (*Kshetra*) de négativité (*Abhava*, ou, comme aurait dit Aristote, de privation. C'est seulement au degré suivant que ces points deviennent d'irrésistibles centres dynamiques, et ces aires des blocs solides d'éther pondérable, et des sphères de conscience *Kshetradjgnya*).

Au point de vue dynamique, la force unique (1) est la vibration universelle qui se traduit dans le *plasma* en vibrations pondérables, dans l'*orasma* en vibrations lumineuses, dans le *phagma* en vibrations caloriques, électriques et magnétiques, dans la substance moléculaire et grossière en ces innombrables et imperceptibles vibrations qui constituent la densité, le poids, l'affinité, la force, la chaleur, le mouvement, la forme, l'organisation, la température, la vitalité, la sensibilité, l'instinct, l'intelligence et la conscience de toutes les choses et de tous les êtres.

« Les atomes sont aussi appelés en occultisme vibrations, et collectivement, le son (2). Ils sont étincelants comme des points brillant au soleil sur la neige vierge. Leur vélocité dépasse la pensée ; nul œil mortel ne peut les suivre (3). Mais autant qu'on en peut juger d'après la terrible rapidité de leur course, leur mouvement est circulaire. Les vagues et ondulations de la science sont toutes produites par les atomes poussant, de l'intérieur, leurs molécules à l'activité. Les atomes remplissent l'immensité de l'espace, et, par leur continuelle vibration, sont le mouvement, qui fait perpétuellement tourner la roue de la vie. Pas un atome n'est jamais créé, car tous sont éternels

---

(1) La science aussi tend à réduire les centres matériels à de purs centres dynamiques : la masse en effet est un rapport entre un nombre de dynes et une quantité d'espace.

(2) A l'élément *Akasha* correspond la propriété *Sabda*, le son. L'éther acoustique ou *acousma* est représenté par le double triangle, comme synthèse des six *Shakti* ou forces divines. *Sabda* est aussi le verbe, *Vatch*.

(3) Mais ils sont visibles pour l'œil astral, comme le prouve cette description.

au sein de l'atome unique, l'atome des atomes (1). »

Enfin, au point de vue subjectif, la divinité unique est l'omniscience ou inconscience d'où découlent, par la limitation ou concentration de l'égoïsme (2), les sensations, les pensées et les extases de tous les êtres conscients, des glorieuses humanités planétaires, des brutes inquiètes et des humbles plantes, des anges, des hommes et des démons de notre système solaire. Devant l'ardeur de nos aspirations, la matière grossière vient de s'évanouir, mais les dieux commencent à apparaître. Dans cette course à l'abîme, nous rapprochant du ciel d'autant que nous nous éloignons de la terre, bientôt nous n'aurons plus rien à décrire, mais nous aurons tout à adorer.

Le plan sensible (3), dont nous venons de franchir le seuil sans nous en apercevoir et en constatant que nos sens n'embrassent même pas sa totalité, est celui dont les savants modernes se sont partagé l'analyse, qu'ils observent avec une exactitude, une patience, une abnégation et un succès dont la civilisation a lieu d'être fière. Leur compétence en ce domaine nous dispensait de nous en occuper autrement que pour indiquer la synthèse possible de cet immense amas de matériaux.

Nous voudrions maintenant montrer comment cette synthèse rentre dans celle encore plus vaste de la

---

(1) H.-P. Blavatsky, *Secret Doctrine*.

(2) *Ahankaram*, le « je » faisant, est la force qui individualise les êtres dans l'être, dans Dieu (*Mahar*). Les panthéistes ont donc raison d'affirmer que le monde est issu de Dieu.

(3) *Bhour-loka*.

connaissance intégrale. Mais dans le binivers où nous allons nous aventurer, la science moderne n'a pas encore pénétré, officiellement du moins, et elle n'y pénétrera qu'en transformant sa toge universitaire en robe sacerdotale ; la philosophie de notre époque, toujours teintée de matérialisme, même lorsqu'elle se déclare idéaliste, y a jeté seulement quelques rares théories, comme des sondes ; et les religions actuelles n'ont conservé de cet au delà que l'espérance, avec des formules traditionnelles dont elles ont perdu le sens.

Quelques sensitifs l'ont pressenti, quelques voyants ont essayé de dépeindre ce qu'ils y avaient entrevu, mais leurs récits sont si vagues, si évidemment mélangés d'imagination personnelle, bien que rarement contradictoires au fond, que, tout en admettant leur bonne foi, tout en rendant justice à leurs aspirations, on ne peut s'empêcher de se défier de leur jugement.

L'indifférence systématique d'une foule de gens éclairés inutilise les découvertes quotidiennes des simples d'esprit. Où serait la science moderne, si quelques-unes de ses plus belles découvertes, dues au hasard, avaient été faites par des ignorants, dédaignées des penseurs et abandonnées à l'imagination des foules ?

Aussi les théories que l'on a tenté d'élever sur ces observations aussi peu sûres que peu complètes ne sauraient fournir à nos espoirs une base solide, triplement étayée sur la raison philosophique, l'exactitude scientifique et l'aspiration religieuse. Cette base, nous la chercherons dans l'antiquité, autant éprise de merveilleux que notre âge l'est de positif ; nous l'appuierons sur le témoignage de générations d'expérimentalistes transcendants, nous la bâtirons avec la tradition de toutes les antiques croyances, nous la cimenterons par les raisonnements de toutes les philosophies humaines.

Tours, Imp. E. Arrault et Cⁱᵉ.

www.ingramcontent.com/pod-product-compliance
Lightning Source LLC
LaVergne TN
LVHW012229170726
843503LV00005B/2348